AI와 양자컴퓨터

AI문고

인공지능 시대입니다. 기계가 인간의 인지를 대신하고, 사물이 인간을 통하지 않고 다른 사물과 직접 커뮤니케이션합니다. 이에 따른 인간 삶과 문명 변화를 정확히 이해 · 예측 · 대응하는 것은 이 시대 우리 모두의 과제입니다. AI문고는 인공지능 기술과 환경의 여러 주제를 10가지 키워드로 정리합니다. 관련 개념과 이론, 학계와 산업계의 쟁점, 우리 일상의 변화를 다룹니다. 인간과 기술의 현재, 미래를 세심히 분석합니다.

일러두기

- 인명, 작품명, 저서명, 개념어 등은 한글과 함께 괄호 안에 해당 국가의 원어를 병기했습니다.
- 외래어 표기는 현행 어문규정의 외래어표기법을 따랐습니다.

처음이세요?

전문가세요?

AI와 양자컴퓨터

최종수

대한민국, 서울, 커뮤니케이션북스, 2026

AI와 양자컴퓨터

지은이 최종수
펴낸이 박영률

초판 1쇄 펴낸날 2026년 1월 15일

커뮤니케이션북스(주)
출판 등록 2007년 8월 17일 제313-2007-000166호
02880 서울시 성북구 성북로 5-11
전화(02) 7474 001, 팩스(02) 736 5047
commbooks@commbooks.com
www.commbooks.com

ISBN 979-11-430-1529-7 03500

책값은 뒤표지에 표시되어 있습니다.

차례

미래를 여는 두 열쇠, AI와 양자컴퓨터

21세기는 단순한 기술 진보를 넘어 문명의 지형이 재편되는 시기라 할 수 있다. 인공지능(artificial intelligence, AI)이 이끄는 혁명은 산업, 과학, 사회 모든 영역에 본질적 변화를 일으키고 있는 미래를 여는 하나의 열쇠다. 과거에는 사람이 작성한 논리 규칙에 따라 작동했던 컴퓨터 시스템이, 이제는 방대한 데이터를 스스로 해석하고 학습하여, 사람의 추론과 창의를 뛰어넘는 문제 해결 능력을 갖추고 있다.

이렇게 발전한 AI의 대표적인 응용 예를 살펴보자. AI는 자연어 처리 분야에서 번역, 음성 인식, 챗봇에 사용되고, 자율주행에 적용되어 차량 센서와 카메라 데이터를 인식하고 분석해 도로 상황을 이해하고 스스로 주행 경로를 결정하고 있다. 금융 분야에서는 주식 시장 예측, 리스크 관리, 로보어드바이저를 통한 자동 투자 자문을 하고 있다. 또한 추천 시스템에서는 사용자 데이터를 기반으로 개인 맞춤형 콘텐츠나 상품을 추천하고 있다. 이와 같이 AI는 일상생활에서 다양하게 사용되고 있으며, 개인과 조직이 AI 에이전트와 공동으로 협업하고 'AI와 함께 일하는 능력'이 사회적 경쟁력을 좌우하고 있어 산업, 경제, 교육, 사회 전반에 커다란 영향을 미치고 있다. AI는 기술 트렌드를 넘어 이제 우리에게 선택이 아닌 필수 전략으로 자리 잡고 있으며, 기업과 정부는 인공지능 전환(AI transformation, AX)을 핵심 역량으로 인식하고 있다. 이를테면 AI와 함께 얼마나 잘 일하느냐가 경쟁력을 좌우하게 될 것이다.

한편, 양자컴퓨터(quantum computer)는 양자 중첩(superposition)과 얽힘(entanglement) 같은 양자 역학의 근본 원리에 기반하여 연산의 혁명을 일으키고 있어, AI와 더불어 미래를 여는 또 하나의 열쇠가 되고 있다. 양자컴퓨터는 상용화 측면에서 아직 태동기라고 생각할 수 있지만 기존의 컴퓨터, 즉 고전 컴퓨터(classical computer, 이 책 전반에서는 양자컴퓨터와의 구분을 위해 현재의 디지털 논리에 기반한 모든 기존 컴퓨터를 '고전 컴퓨터'라 부른다)가 다루기 어려운 계산 문제를 해결할 수 있는 패러다임 전환의 가능성을 제시하고 있다(김국우, 2025). 양자컴퓨터의 등장은 암호 체계, 금융 상품 위험성 해석, 신소재 개발, 기후 모델링, 빅데이터 시뮬레이션 등 다양한 영역에서 게임 체인저가 될 것으로 기대한다(정지훈, 2025).

AI와 양자컴퓨터는 각각 독립적으로도 혁신적이지만, 그 융합은 단순한 기술의 등장 이상의 의미가 있다. 이 두 기술이 하나의 시스템 내에서 상호작용을 할 경우, AI는 양자컴퓨터의 제어, 최적화, 잡음 제거 등 실용화의 장애 요인을 보완할 수 있으며, 양자컴퓨터는 AI의 연산 병목을 해결해 더욱 정밀한 학습을 가능하게 한다. 이처럼 AI와 양자컴퓨터의 융합은 단순한 시너지 효과를 넘어 새로운 메커니즘과 문제 해결 전략의 탄생을 예고한다.

인공지능: 패턴을 이해하고 예측하는 힘

AI의 핵심은 데이터를 기반으로 스스로 학습하고, 그 학습을 통해 환경에 적응하며 문제를 해결하는 능력에 있다. 기계 학습(machine learning, ML)과 심층 학습(또는 딥러닝, deep learning) 기술은 오늘날 AI 발전의 중심축으로, 수많은 데이터를 바탕으로 규칙을 스스로 발견하고 일반화할 수 있도록 설계되어 있다. 이러한 연구의 기반을 마련한 딥러닝 혁명의 선구자인 캐나다 몬트리올대학교 요슈아 벤지오(Yoshua Bengio) 교수, 토론토대학교 제프리 힌턴(Geoffrey Hinton) 교수, 그리고 미국 뉴욕대학교 얀 르쿤(Yann LeCun) 교수가 2018년 컴퓨터과학의 노벨상이라 불리는 튜링상(Turing award)을 받았다. 또한 2024년에는 강화 학습(reinforcement learning) 분야의 선구자인 미국 매사추세츠대학교의 앤드류 바르토(Andrew Barto) 교수와 캐나다 앨버타대학교의 리처드 서튼(Richard Sutton) 교수가 공동 수상하였다. 이들은 강화 학습의 중요한 알고리즘을 개발하고, 개념을 정립하고 발전시키며 AI가 스스로 학습하는 방식을 구축하는 데 공헌했다.

이뿐만이 아니다. 2024년 노벨 물리학상은 물리학뿐 아니라 컴퓨터과학, 생물학 등 다양한 학문 분야에 걸쳐 영향을 미친 두 AI 분야 대부인 프린스턴대학교 존 홉필드(John J. Hopfield) 교수와 토론토대학교의 힌턴 교수에게 돌아갔다. 또한 같은 해 노벨 화학상은 새로운 단백질을 설계한 미국 워싱턴대학교의 데이비드 베이커(David Baker) 교수, 그리고 AI를 활용해 단백질의 3차원 구조를 예측하는 도구인 AI 모델 알파폴드2(Alpha Fold2)를 개발한 구글 딥마인드(Google DeepMind)의 데미스 허사비스(Demis Hassabis) 최고경영자와 존 점퍼(John Jumper) 수석 연구원이 공동으로 수상했다.

AI 기술의 눈부신 발전은 고성능 그래픽 처리 장치(graphics processing unit, GPU), 신경망 처리 장치

(neural processing unit, NPU)와 같은 고전 컴퓨터의 하드웨어 성능 향상과 함께, 대규모 데이터 세트 축적, 그리고 효율적인 학습 알고리즘 개발 덕분이다. 대표적으로 오픈AI(OpenAI)의 GPT(generative pretrained transformers), 구글의 제미나이(generalized multimodal intelligence network, Gemini), 메타(Meta)의 라마(large language model Meta AI, LLaMA) 모델 시리즈 등은 대규모 언어 모델에 기반한 AI 모델로, 어려운 문제를 전문가 수준으로 해결할 수 있게 되었다. 이러한 시스템은 특정한 지식을 넘어서 문맥 이해, 창의성, 전략적 사고까지 흉내 내는 수준에 도달하고 있으며, 이는 사람과 기계의 지적 경계가 점점 흐려지고 있다는 신호이기도 하다.

과거 AI는 반복적인 계산과 분류 작업에 강점이 있는 보조 도구로 인식되었다. 그러나 최근 AI는 텍스트, 이미지, 오디오, 비디오 등 다양한 유형의 데이터를 함께 고려하여 서로의 관계성을 학습하고 처리하는 멀티모달 AI(multimodal AI)다(Stryker, 2024). 특히 상대적으로 크기가 큰 모델을 거대 멀티모달 모델(large multimodal model, LMM)이라고 부른다. 이러한 멀티모달 AI는 단순한 연산 지원을 넘어, 창의적인 콘텐츠 생성과 전략적 사고 보조에 이르기까지 그 활용 범위가 급격히 확장되고 있다. 수많은 AI 에이전트 중에서 몇몇 예를 들어보면 챗GPT는 텍스트, 음성 및 이미지로 사람과 유사한 응답을 생성하며, 달리(DALL · E)와 미드저니(Midjourney)는 이미지와 비디오를 생성하고, 아이바(AI virtual artist, AIVA)나 앰퍼뮤직(Amper music) 같은 AI 에이전트는 음악 작곡까지 가능하게 한다. 이러한 사례는 AI가 점차 교육, 예술, 디자인, 콘텐츠 창작 등 감성적이고 사람 중심의 활동에까지 침투하고 있음을 잘 보여준다.

이제 우리는 AI를 더 이상 문제 해결을 도와주는 단순한 도구가 아니라, 점점 협력해야 하는 창조적 파트너로 인식하고 있다. 실제로 다국적 기업에서는 AI와 사람이 함께 프로젝트를 기획하고, 실험하고, 피드백을 주고받으며 결과물을 만들어 내는 코크리에이션(co-creation) 방식이 확산하고 있다. 이는 사람의 직관과 AI의 계산적 직관이 융합된 새로운 형태의 창의성과 혁신을 가능하게 하며 특히 교육, 과학, 예술 등에서 혁신의 촉매제로서 AI의 역할이 더욱 중요해질 것이다.

양자컴퓨터: 가능성을 여는 계산의 미래

양자컴퓨터는 전통적인 고전 컴퓨터가 수행하기 어려운 특정 문제를 빠르게 해결할 수 있는 새로운 계산 패러다임을 제시했다. 그 핵심은 바로 양자 중첩과 얽힘이라는 양자 역학적 현상을 활용한다는 점이다. 특히 2022년 노벨 물리학상은 양자 얽힘을 연구한 프랑스의 알랭 아스페(Alain Aspect) 교수, 미국의 존 프랜시스 클라우저(John Francis Clauser) 교수, 그리고 오스트리아의 안톤 차일링거(Anton Zeilinger)에게 수여됐다(김민재, 2022). 또한 2025년 노벨 물리학상은 전기 회로처럼 큰 스케일에서도 양자 현상이 동작함을 실험으로 증명하여 양자 컴퓨터 등 양자 기술의 기반을 마련한 세 명의 과학자 존 클라크(John Clarke), 미셸 드보레(Michel Devoret), 그리고 존 마티니스(John Martinis) 교수에게 돌아갔다.

고전 컴퓨터가 0과 1 중 하나의 상태만을 가지는 비트(bit)를 사용하는 반면, 양자컴퓨터는 기본 정보 단위로 큐비트(quantum bit, qubit)를 사용한다. 큐비트는 0과 1의 두 가지 상태뿐만 아니라 두 상태를 동시에 가지는 양자 중첩 상태도 표현할 수 있다. 큐비트는 0과 1의 양자 중첩 상태를 가짐으로써 훨씬 더 많은 정보를 효율적으로 처리할 수 있으며, 양자 얽힘 현상 등 양자 역학의 특성을 이용해 강력한 계산 능력을 발휘한다. 이러한 특성 때문에 고전 컴퓨터에서 풀기 어려운 복잡한 조합 문제, 분자 시뮬레이션, 암호 해독 등에서 빠른 연산 성능을 보인다.

대표적인 예로, 2019년에 구글은 자사의 양자컴퓨터 시카모어(Sycamore)가 특정 문제를 고전 컴퓨터보다 훨씬 빠르게 해결하며 양자 우위(quantum supremacy)를 달성했다고 발표했다. 시카모어는 계산을 수행하는 데 53개의 큐비트를 사용하는 양자컴퓨터로 잡음과 오류를 최소화하기 위해 절대영도(캘빈 척도로 0K이며, 섭씨 -273.15도에 해당하는 물리학에서 이론적인 온도의 최저점)에 가까운 극저온에서 냉각된다. 시카모어는 임의의 값을 연속적으로 생성하는 양자 알고리즘인 무작위 회로 샘플링(random circuit sampling, RCS) 문제를 200초 만에 수행하기도 했다. 당시 현존 최고 슈퍼컴퓨터로 1만 년 걸렸을 작업을 3분 20초 만에 수행했다. 이 실험은 양자컴퓨터가 실제로 고전 컴퓨터와는 다른 차원의 계산 능력을 보여줄 수 있다는 가능성을 증명한 사례로 평가된다. 물론 이런 사례는 아직 이론적으로 유리한 문제에 한정되지만, 분자 구조 예측, 금융 시뮬레이션, 최적화 등 산업 분야의 난제들을 해결할 도구로서 양자컴퓨터의 잠재력을 보여주는 강력한 계기가 되었다.

양자컴퓨터는 분명 미래의 핵심 기술이지만, 현재 시점에서는 여전히 초기 단계에 머물러 있다는 점도 분명히 인식해야 한다. 가장 큰 문제는 양자 오류(error)와 잡음(noise)으로, 큐비트는 환경의 미세한 교란에도 쉽게 상태를 잃는다. 양자컴퓨터 상용화를 위해서는 정보 처리 단위인 큐비트의 오류 정정 기술이 필수인데, 오류를 정정하지 않으면 연산을 반복하면서 오류가 누적돼 계산 결과의 신뢰도가 급격히 떨어지기 때문이다.

양자 오류 정정(quantum error correction) 기술은 활발히 연구 중이지만, 현실적인 대규모 양자컴퓨터를 구현하려면 수천~수백만 개의 고품질 큐비트가 필요하다. 현재 IBM, 구글, 아이온큐(IonQ), 리게티(Rigetti) 등 선도 기업들이 수십~수백 큐비트 수준의 양자컴퓨터를 개발하고 있지만 큐비트의 안정성, 양자 게이트(quantum gate)의 정확도, 하드웨어 개발의 한계, 양자 알고리즘 부족 등 극복해야 할 장애물이 많다.

이 중에서 양자 알고리즘의 설계는 기존 알고리즘과는 전혀 다른 수학, 물리 원리를 바탕으로 하며, 새로운 프로그래밍 패러다임을 요구한다. 기존 알고리즘을 단순히 양자컴퓨터로 옮기는 것이 아니라, 양자 계산에 특화된 알고리즘과 데이터 표현 방식이 필요하다. 그럼에도 불구하고, IBM의 키스킷(Qiskit)이나 구글의 서크(Cirq), 재너두(Xanadu)의 페니레인(PennyLane) 등 다양한 오픈소스 소프트웨어 프레임워크가 개발자 생태계를 빠르게 확장하고 있다(Ivezic, 2025). 이러한 노력이 미래 양자컴퓨팅 환경을 향해 우리를 한 걸음씩 이끌고 있다.

AI와 양자의 융합: 새로운 패러다임의 개막

AI와 양자컴퓨터는 서로가 가진 기술적 약점을 보완해 줄 수 있는 기술적 상호 보완성을 지닌다. 또한 AI는 양자 시스템의 제어 최적화, 오류 보정 방식의 개선, 잡음 제거 등에 적용되어 양자 시스템의 성능을 실질적으로 향상하는 데 이바지할 수 있다. 반면에, 양자컴퓨터는 병렬성과 확률적 특성에 기반한 계산 방식을 통해 AI가 요구하는 방대한 연산 자원을 획기적으로 줄일 가능성을 제공한다. 특히 양자컴퓨터는 고차원 공간에서의 최적화 문제나 복잡한 확률 모델링에 적합하여, AI 모델의 학습에서 요구되는 파라미터 탐색 과정을 가속할 수 있다. 양자컴퓨터와 AI를 융합한 '양자+AI'(간단히 '양자AI'로 부른다)는 끊임없이 진화하는 기술 환경 속에서 우리가 상상할 수 없는 방식으로 세상을 재편할 것으로 기대된다(변효선, 2025).

예를 들어, 구글 양자 AI 연구소(Google Quantum AI Lab)는 기계 학습, 즉 AI를 위한 계산 작업을 획기적으로 가속하기 위해 양자 프로세서(quantum processors)와 알고리즘을 개발하고 있다(Google, 2025). 구글의 목표는 범용 양자컴퓨터를 구축하는 것이다. 특히 최적화, 샘플링, 양자 시뮬레이션을 위한 양자 알고리즘 개발에 집중하고 있다. 하드웨어 팀은 양자 프로세서의 큐비트 수와 품질을 개선하는 데 집중하고, 이론 그룹은 오류 보정 전후(pre and post-error corrected) 양자 프로세서에서 활용할 수 있는 실용적 알고리즘을 개발하고 있고, 클라우드 팀은 구글 클라우드 플랫폼(Google cloud platform)을 통해 양자 프로세서에 접근할 수 있도록 서비스를 제공하고 있다. 구글 양자 AI 연구소는 전 세계의 대학, 국립 연구소, 기업들과 협력도 진행하고 있다. 또한 IBM은 AI를 통해 양자 회로(quantum circuit)의 최적 경로를 자동으로 탐색하는 프레임워크를 개발 중이다.

이와 같이 두 기술의 융합 '양자 AI'는 단순한 연계가 아니라, AI와 양자컴퓨터가 서로를 위한 인프라가 되는 구조적 전환을 의미한다. 궁극적으로 이러한 기술적 융합은 기존 방법으로는 도달할 수 없던 복잡계 문제에 대한 돌파구를 제공할 수 있는 열쇠가 될 것으로 기대한다.

이미 다양한 분야에서 양자 AI의 초기 융합 사례들이 등장하고 있다. 대표적으로 캐나다 스타트업 재너두는

PennyLane이라는 프레임워크를 통해 양자 회로와 딥러닝 모델을 통합하는 플랫폼을 개발하고 있으며, 이를 통해 화학 시뮬레이션, 패턴 인식, 강화 학습 등에서 양자 AI 하이브리드 모델을 실험 중이다. 아마존 웹서비스(Amazon Web Services, AWS)는 브래킷(Braket)이라는 양자 클라우드 플랫폼에서 AI 모델과 양자 알고리즘을 통합하는 기능을 지원하고 있으며, 이에 따라 연구자와 개발자들은 복잡한 양자 시뮬레이션을 AI로 제어하면서 쉽게 실험할 수 있다. 이러한 플랫폼이나 프레임워크는 양자 AI의 실질적인 응용 가능성을 넓히는 동시에 개발 생태계가 빠르게 진화하는 데 이바지하고 있다.

앞으로는 양자 AI 융합 기술이 금융 최적화, 신약 발견, 기후 모델링, 첨단 자율 시스템 등에서 핵심 역할을 수행할 것으로 기대된다. 이 책에서 소개할 다양한 장에서는 이러한 융합 기술의 이론적 배경뿐 아니라, 실제 기업과 연구 기관이 진행 중인 융합 프로젝트의 구체적인 사례도 함께 다룬다.

이 책의 목적

이 책의 목적은 AI와 양자컴퓨터라는 두 첨단 기술이 어떤 배경에서 출발했으며, 어떤 기술적 원리로 작동하고,

어떻게 현실 세계에 응용되고 있는지를 체계적으로 이해하도록 돕는 데 초점을 맞추었다. 사전 지식이 없는 독자들이 쉽게 이해할 수 있도록 AI와 양자컴퓨터 기술을 기초적인 개념부터 시작해, 알고리즘과 하드웨어, 다양한 산업 사례, 윤리적 쟁점과 미래 사회의 변화까지 다층적이고 통합적인 관점에서 서술하려고 노력했다. 특히 AI와 양자컴퓨터 기술의 융합을 단순한 흐름으로 보지 않고, 기술의 본질적 속성과 상호작용의 메커니즘을 분석함으로써, 독자들이 이 분야의 통찰을 얻을 수 있도록 구성하였다. 이 책이 독자들로 하여금 AI와 양자컴퓨터 기술을 연결하고 해석하는 역량을 갖추는 데 조금이나마 도움이 될 수 있기를 희망한다.

참고문헌

김국우(2025.2.11). "양자 컴퓨팅 기술의 미래 산업 패러다임을 바꿀 다섯 분야". 4차산업행정뉴스.
http://m.4ihjnews.com/view.php?idx=27612

김민재(2022.10.5). "[2022 노벨상] 노벨 물리학상 수상자 3인의 양자 얽힘에 관한 연구". The Science Times.
https://www.sciencetimes.co.kr/nscvrg/view/menu/248?searchCategory=220&nscvrgSn=247991

변효선(2025.2.10). "혁신과 혁신의 만남… '게임체인저' 양자 AI는 세상을 어떻게 바꾸나". 이투데이.

https://www.etoday.co.kr/news/view/2443571
정지훈(2025.8.29). 《정지훈의 양자 컴퓨터 강의: AI 다음의 게임 체인저 양자 컴퓨터의 모든 것》. 한빛미디어.
Google(2025). Google Quantum AI Lab. https://research.google.com/teams/quantumai/
Ivezic, M.(2025.3.16). Quantum Programming: An In-Depth Introduction and Framework Comparison. PostQuantum. https://postquantum.com/quantum-computing/quantum-programming/
Stryker, C.(2024.7.15). 멀티모달 AI란 무엇인가요?. IBM. https://www.ibm.com/kr-ko/think/topics/multimodal-ai

01
AI의 이해

AI는 1950년 앨런 튜링의 '튜링 테스트'로 시작되어 다트머스 회의에서 학문적 흐름을 얻었고, 끊임없는 혁신과 두 번의 AI 겨울을 뛰어넘어 Deep Blue, AlphaGo, ChatGPT 등으로 사회 전반에 커다란 충격을 남기며 발전하고 있다. 오늘날 AI는 제조, 금융, 헬스케어 등 다양한 산업 분야에서 AI 중심으로 변화를 추구하며 사람의 한계를 넘어서고 있다.

기후 위기와 인공지능?

AI의 정의와 역사

인공지능(artificial intelligence, AI)은 사람의 학습 능력, 추론 능력, 지각 능력 등 가장 본질적인 지적 행동을 구현하기 위한 컴퓨터과학의 한 분야로서 기계가 사람과 유사한 방식으로 정보를 처리하고 행동하게 만드는 기술을 의미한다. 정보공학 분야에서는 AI 기술이 사회 전반에 스며드는 하나의 인프라로 자리잡아가고 있다(위키백과, 2025).

AI는 크게 세 가지 개념으로 구분하고 있다. 현재 우리가 사용하는 AI는 약한 인공지능(artificial narrow intelligence, ANI)이라고 정의할 수 있으며 아직은 특정 업무나 기능에 제한이 있다. AI 기술의 발전은 ANI를 넘어 사람처럼 지적인 작업을 수행하고, 복잡한 문제를 해결하고, 자연어 이해 및 생성 등 사람과 유사한 능력을 갖출 것으로 기대되는 일반 인공지능(artificial general intelligence, AGI) 실현을 향해 가고 있다. AI 분야 리더들은 가까운 미래에 AGI가 등장할 것으로 예측한다. AGI가 실현되면 인류가 직면한 문제, 예를 들면 기후 변화, 에너지, 교육 등에서 혁신적인 해결책을 제시할 수도 있을 것이다. 그러나 AGI의 발전과 함께 윤리적, 사회적 문제도 등장할 것으로 예상된다. AGI 실현을 위한 기술적인 과제도 남아 있다. 먼 미래에는 초인공지능(artificial superintelligence, ASI)이 등장할 것으로 예상한다. ASI는 사람의 이해와 통제를 넘어서는 지능을 갖고, 스스로 사고하고 행동하는 AI일 것이다(이승필, 2024).

AI의 기초는 1950년 이론 컴퓨터과학과 AI의 선구자인 앨런 튜링(Alan Turing)이 '기계는 생각할 수 있는가?'라는 철학적 질문과 함께 '튜링 테스트(Turing test)'를 제안한 데서 시작되었다. 1956년 다트머스 회의(Dartmouth conference)에서 존 매카시(John McCarthy), 마빈 민스키(Marvin Minsky) 등이 '인공지능(AI)'이라는 용어를 처음 사용하며 독립적 학문 분야로 출발했다. 초기 AI 연구는 체스나 논리 퍼즐을 푸는 기계, 전문가 시스템(expert system) 개발 등 규칙 기반(기호주의) 접근에 집중했고, 1960~1970년대 퍼셉트론(perceptron)을 통한 인공신경망(artificial neural networks) 실험, 1980년대 전문가 시스템의 상용화 등 시대별로 다양한 진화가 이어졌다(안정진 · 이대환, 2024).

그러나 예견된 만큼의 성과가 나오지 않아 'AI 겨울'이라는 침체기도 겪었다. 이후 1997년 IBM의 딥블루(Deep Blue)가 세계 체스 챔피언 게리 카스파로프(Garry Kasparov)를 6전 전승으로 꺾고, 2016년 구글 딥마인드

(DeepMind)의 알파고(AlphaGo)가 바둑 최강자 중 한 명인 이세돌 9단을 이기면서 AI의 기술적, 사회적 위상이 급속히 높아졌다. 최근에는 딥러닝(deep learning, 심층 학습)과 같은 새로운 알고리즘 혁신, GPU(graphics processing unit)와 같은 컴퓨터 하드웨어 가속기의 발전, 챗GPT와 같은 생성형 AI 에이전트(generative AI agent) 출현 등 AI의 발전사에서 새로운 전환점을 맞이하고 있다 (Mucci, 2024).

기계 학습과 딥러닝

기계 학습(machine learning)은 AI 기술의 한 분야로써 컴퓨터가 데이터와 경험을 통해 스스로 학습하여 성능을 개선하고, 의사 결정을 내리고, 특정 작업을 수행하는 기술이다. 기계 학습의 학습 방법은 크게 지도 학습(supervised learning), 비지도 학습(unsupervised learning), 강화 학습(reinforcement learning)으로 구분한다. 지도 학습은 정답이 포함된 데이터를 학습하여 새로운 데이터에 대한 예측을 가능하게 하며, 이메일 스팸 필터링, 신용카드 사기 탐지 등에 널리 사용된다. 반면에 비지도 학습은 정답이 없는 데이터를 분석하여 유사한 속성을 가진 데이터 군집(clustering)을 식별하거나 숨겨진 구조를 발견하는 데 사용하며, 마케팅 고객 분석이나 이상 탐지에 활용한다. 강화 학습은 보상 시스템을 통해 최적의 행동 전략을 스스로 학습하는 방식이다. 예를 들면, 딥마인드의 강화 학습 알고리즘 DQN(deep Q-network)은 사람의 개입 없이도 고전 아케이드 게임인 '브레이크아웃(Breakout)'을 플레이하며 고득점을 기록했다. 이러한 학습 방식은 자율주행차, 산업 로봇, 드론 제어 등 사람의 개입이 어려운 복잡한 상황에서 효율적으로 학습할 수 있는 메커니즘을 제공한다. 기계 학습은 정형화된 구조를 넘어 현실 세계의 다양한 데이터를 이해하고 예측하는 데 필수적인 기술로 자리매김하고 있다.

딥러닝은 기계 학습의 하위 개념으로 인공신경망을 여러 층으로 더 깊게 구성한 심층 신경망(deep neural networks)을 사용한다. 이 방식은 사람의 뇌에서 뉴런이 신호를 전달하는 구조에서 영감을 받아 만들어졌으며, "입력층-(다수의)은닉층-출력층" 구조로 구성되어 있다. 특히 컴퓨터 시각(computer vision) 분야에서는 합성곱 신경망(convolutional neural networks, CNN)이 널리 사용되며, CNN은 이미지의 패턴과 특징을 자동으로 추출해 인식 정확도를 높인다. 자연어 처리(natural language processing, NLP)에서는 순환 신경망(recurrent neural networks, RNN)과 구글이 제안한 트랜스포머(transformer) 구조가 핵심이며, 특히 트랜스포머 모델은 병렬 처리에 최적화되어 대규모 언어 모델을 학습할 수 있게 했으며, 생성형 AI 모델의 바탕을 이루고 있다.

딥러닝에 기반한 생성형 AI 모델의 대표적인 예로는 OpenAI의 GPT-3, GPT-4 및 GPT-5, 구글 딥마인드가 개발한 제미나이 시리즈 등이 있다. 생성형 AI 모델들은 적게는 수억 개에서 많게는 수천억 개의 파라미터를 기반으로 수많은 웹 문서, 책, 위키백과 등의 데이터를 학습하여 자연어 생성, 번역, 코드 작성, 이미지 생성 등 다양한 작업에서 사람 수준의 성능을 보여주고 있다. 또 다른 예로는 구글 딥마인드의 알파폴드(AlphaFold) 모델이다. 알파폴드는 딥러닝을 통해 수십 년간 난제로 여겨졌던 단백질 구조 예측 문제를 해결하며 생명과학 분야에 큰 파장을 일으켰다(김소연, 2024).

AI의 활용 분야

현재 AI 기술은 다양한 형태로 발전하여 산업 전반과 일상생활을 변화시키고 있다. 디지털 제품 설계, 개발 전문 기업 넷구루(Netguru)에 따르면 2025년에 알아야 할 AI 기술의 형태를 8가지로 정리하였다(Rafalski, 2025).

이러한 AI 기술의 형태는 제조, 의료, 금융, 물류, 농업 등 거의 모든 산업 현장에서 혁신의 원동력이 되고 있다. 예를 들어, 제조업에서는 예측 유지 보수 AI를 사용해 센서 데이터를 실시간으로 분석하면서 기계 고장을 사전에 진단해 유지 보수 비용을 크게 절감시키고, 의료 산업에서도 AI가 환자 기록을 분석하여 미묘한 패턴을 식별하고, 암이나 알츠하이머와 같은 질병의 조기 진단과 치료를 촉진한다. 금융 산업에서도 실시간 거래 분석과 사기 탐지, 알고리즘 기반 자동 투자, 신용 평가 등 다양한 업무에 AI가 적용되어 효율성과 안전성을 동시에 높이고 있다.

물류 산업에서는 AI 기반 경로 최적화와 수요 예측 알고리즘으로 배송 시간과 비용을 최소화하는 시스템을 도입하여 페덱스(FedEx), 유피에스(United Parcel Service, UPS) 등 글로벌 물류 업체는 물론 국내 대형 유통사에서도 일상적으로 활용하고 있다. 소매업에서는 AI 챗봇이 쇼핑 상담, 맞춤형 추천, 재고 관리까지 담당하고 있다. 이뿐만이 아니다. 농업 분야의 엣지 AI 기술은 드론에 탑재하여 작물의 건강을 모니터링하고, 해충의 침입을 감지하며, 토양 상태를 실시간으로 평가하는 데 활용하고 있다(알젠디, 2025).

AI는 스마트폰, 웹서비스, 교육, 공공 행정, 재난 관리 등 일상과 사회 전반에 깊숙이 스며들어, 우리가 살아가는 방식 자체를 바꾸고 있다. 스마트폰에는 온디바이스 AI가 탑재되어 실시간 번역, 음성 인식, 얼굴 인식, 자동 사진 분류 같은 기능을 제공하고 있다. 스마트폰 앱뿐만 아니라 웹서비스를 통해 사용할 수 있는 생성형 AI 챗봇은 정보 탐색, 고객 상담, 마케팅 및 영업 지원 등 업무 효율을 높이는 데 활용되고 있다. 교육 분야에서는 AI 튜터가 학습 데이터를 분석해 맞춤형 진도와 과제 추천을 제공하고, 공공 행정이나 재난 관리에서는 AI가 대규모 정보를 실시간으로 분석해 빠른 정책 결정과 자원 배분을 돕고 있다(장세윤, 2025). 음악, 영상, 디자인 등 창작 산업에서는 생성형 AI가 직접 콘텐츠를 창작하는 시대가 열렸다. 일상생활에서도 넷플릭스, 유튜브, 온라인 쇼핑몰 등 AI 기반 추천 시스템이 사용자의 취향을 분석해 콘텐츠와 상품을 맞춤 추천하고, 스마트홈에서는 AI가 자동 온도 조절, 가전제품 제어, 에너지 관리까지 담당한다. 이처럼 AI는 단순 노동 대체를 넘어 감각, 감정 영역까지 우리 사회의 구조를 변화시키는 기술로 자리 잡아가고 있다(김은영, 2025).

AI 기술의 한계와 미래 전망

생성형 AI 시대 진입과 함께 거의 모든 산업 분야는 AI 활용을 위해 노력하고 있어, AI 전환(AI transformation, AX)은 산업 구조를 변화시키고 기업 혁신을 이끄는 핵심 전략으로 자리 잡고 있다. 그러나 AI 기술은 놀라운 발전을 이루었음에도 여전히 여러 기술적인 한계와 윤리적인 문제에 직면해 있다. 예를 들면, 대부분의 AI 모델은 훈련 데이터에 기반한 통계적 예측에 의존하기 때문에 훈련되지 않은 환경에서는 비정상적인 행동을 보일 수 있다. 또한 AI 모델이 어떻게 데이터를 처리하고 어떤 사고를 하는지 파악할 수 없는 블랙박스 문제로 인해 AI가 도출한 결과를 설명하기 어려운 경우가 많다. 이러한 문제는 특히 의료, 금융, 법률 분야와 같은 고신뢰성과 투명성이 필요한 분야에서 AI 적용을 제한하는 요인이 된다.

그리고 AI는 훈련 데이터의 편향을 그대로 학습하여 차별적인 결정을 내릴 가능성이 있어 사회적 신뢰를 훼손할 수 있는 문제를 초래할 수도 있다. 미국에서는 일부 얼굴 인식 AI가 유색 인종의 얼굴을 잘못 인식하거나, 여성보다 남성의 사진을 더 정확히 판별하는 사례가 발견되면서 논란이 되었다. 이 외에도, 개인정보 침해, 감시

사회의 위험성, 자동화에 따른 일자리 상실 등 윤리적, 사회적 도전 과제가 계속 제기되고 있으며, 이를 해결하기 위한 기술적 노력과 정책 규제가 함께 강조되고 있다(김호기, 2024).

앞으로 AI는 더욱 강력한 연산 능력, 적은 데이터로도 학습할 수 있는 효율적 모델, 사람 수준의 추론 능력 등 다양한 방향으로 진화할 것으로 전망된다. 특히 최근에는 AGI를 향한 연구가 활발하며, 이는 특정 작업에 한정된 기존의 ANI를 넘어, 다양한 문제를 자율적으로 해결할 수 있는 AI를 지향하고 있다. 한 예로 구글 딥마인드는 로봇 조작, 이미지 캡셔닝, 게임 플레이 등 600여 가지의 다양한 작업을 처리하는 AI 모델 Gato(Reed et al., 2022)를 개발했다. Gato와 같은 AI 모델은 규모를 확장해 가면 AGI에 가까워질 수도 있다.

한편, 양자컴퓨터(quantum computer)와 AI의 융합은 AI 기술 한계를 극복할 수 있는 중요한 기술 흐름으로 부상하고 있다(김지민, 2024). 양자 역학 원리를 기반으로 한 하드웨어 장치인 양자컴퓨터는 특정 연산에서 기존 컴퓨터보다 지수적으로 빠른 속도를 제공하며, 이는 대규모 AI 모델의 학습 시간 단축이나 최적화 성능 향상에 크게 이바지할 수 있을 것으로 기대한다. AI와 양자

컴퓨터의 결합은 제약, 재료 과학, 기후 예측, 신약 개발 등 복잡도가 높은 문제 해결에서 새로운 가능성을 열 것으로 기대되며, 이 책의 다음 장부터 양자컴퓨터와 관련된 흥미로운 기술 분야에 대해 본격적으로 다루게 될 것이다.

참고문헌

김소연(2024.10.9). "[노벨상 2024] 단백질과 분자 상호작용도 예측… 화학상 알파폴드2에서 진일보한 알파폴드3". 동아사이언스. https://www.dongascience.com/news.php?idx=67838

김은영(2025.4.17). "2025년에 알아야 할 8가지 AI 유형 총정리, 생성형 AI부터 전문가 시스템까지". AI matters. https://aimatters.co.kr/news-report/ai-report/19643/

김지민(2025). "양자컴퓨팅과 AI융합: 발전 가능성과 시사점". 《Issue Report》, IS-204. 소프트웨어정책연구소. https://www.spri.kr/file_html/is204/index.html

김호기(2024.9.1). "인공지능 규제와 신뢰성". TrustworthyAI. https://trustworthyai.co.kr/article/2024/ai-regulations/

안정진·이대환(2024). "다가오는 미래, 아직도 뒤쳐질 것인가?". https://wikidocs.net/book/15077

위키백과(2025). "인공지능". https://ko.wikipedia.org/wiki/%EC%9D%B8%EA%B3%B5%EC%A7%80%EB%8A%A5

이승필(2024.1.8). "협소 인공지능(ANI)에서 인공 초지능(ASI)까지". brunchstory.

https://brunch.co.kr/@seungpillee/82
장세윤(2025). "재난 발생 예방을 위한 AI 활용 사례 및 시사점". 《The AI Report》, 2025(8). 한국지능정보사회진흥원. https://www.nia.or.kr/site/nia_kor/ex/bbs/View.do;jsessionid=80186DAC53AB015174127AC466A9A11F.e384d3c48b1006361371?cbIdx=82618&bcIdx=28362&parentSeq=28362&pageIndex=1&mode=&searchKey=&orderbyDiv=date
Elgendy, A.(2025.2.18). "2025년 AI 트렌드 올해 주목해야 할 혁신". Ultralytics. https://www.ultralytics.com/ko/blog/2025-ai-trends-the-innovations-to-look-out-for-this-year
Mucci, T.(2024.10.21.). "AI의 역사". IBM. https://www.ibm.com/kr-ko/think/topics/history-of-artificial-intelligence
Rafalski, K.(2025.9.8). 8 Types of AI You Should Know About in 2025. Netguru. https://www.netguru.com/blog/ai-types

02

양자컴퓨터의 이해

양자컴퓨터는 고전 컴퓨터로 수백만 년 걸릴 문제를 단 몇 분 만에 풀 수 있다는 상상 초월의 잠재력을 지녔다. 큐비트의 중첩과 얽힘을 바탕으로 한 양자컴퓨터의 성능은 큐비트를 얼마나 안정적으로 구현하고 제어할 수 있는지에 달려 있다. 대표적인 큐비트 구현 기술은 초전도, 이온트랩, 광자, 중성 원자 등이 있다. 양자컴퓨터의 계산 능력은 단순한 속도 차이를 넘어, 문제 해결의 패러다임 자체를 변화시킨다.

노래하는 AI 보컬?

양자컴퓨터란?

우리가 일상에서 사용하는 데스크톱, 노트북, 서버 등 보편적인 컴퓨터를 고전 컴퓨터(classical computer) 또는 기존 컴퓨터(existing computer)라고 부른다. 이 책에서는 양자컴퓨터(quantum computer)와 대비되는 개념으로 '고전 컴퓨터'를 사용한다. 고전 컴퓨터는 디지털 데이터의 최소 단위 0과 1의 이진 부호(binary code)를 사용하는 비트(bit, binary digit의 줄임말) 단위로 작동하며, 이 비트는 0 아니면 1 중에서 하나의 상태로 정보를 저장하고 처리한다. 이에 반해 양자 역학(quantum mechanics)의 핵심 원리인 양자 중첩(superposition)과 양자 얽힘(entanglement)을 활용한 계산기인 양자컴퓨터는 큐비트(qubit, quantum bit의 줄임말)를 사용한다.

큐비트는 0 또는 1의 중첩 상태에 있다. 이에 따라 2개의 큐비트는 4(=2^2)개의 상태, 3개는 8(=2^3)개의 상태를 동시에 표현할 수 있으며, n개의 큐비트로 일반화하면 2^n개의 중첩 상태를 만들 수 있어, 양자컴퓨터의 계산은 교묘한 알고리즘으로 중첩과 얽힘을 제어하여 해답이 되는 상태를 찾아간다. 각 연산 회수마다 모든 중첩 상태가 한꺼번에 계산되기 때문에 양자 알고리즘을 잘 설계하면 획기적으로 연산 횟수를 줄여 빠른 계산을 수행할 수 있다. 이러한 특성은 양자컴퓨터가 특정 문제에서 고전 컴퓨터보다 훨씬 빠른 연산을 가능케 하는데, 이를 '양자 우위(quantum supremacy)'라고 한다.

한 예로, 피터 쇼어(Peter W. Shor)는 1994년에 소인수 분해 연산을 양자컴퓨터가 고전 컴퓨터보다 훨씬 빠르게 할 수 있다는 쇼어 알고리즘(Shor's algorithm)을 증명하여 세상을 놀라게 했다. 그 이유는 양자컴퓨터가 본격적으로 상용화되면 쇼어 알고리즘으로 전자 상거래 등 광범위하게 사용되는 리베스트-샤미르-애들먼(Rivest-Shamir-Adleman, RSA) 암호 체계를 단시간 내에 무력화할 수 있는 이론적 가능성을 제시했기 때문이다(Turner, 2024).

양자컴퓨터의 개념은 1981년 물리학자 리처드 파인먼(Richard Feynman)이 처음 제시하였다. 양자컴퓨터는 고전 컴퓨터의 한계를 극복할 수 있다. 양자 역학 원리를 따르는 새로운 형태의 컴퓨터 개념으로 1985년에 옥스퍼드대학교 데이비드 도이치(David Deutsch)는 양자 튜링 머신(quantum Turing machine, QTM) 모델을 제안하여 양자 계산의 수학적 기초를 확립했고, 앞서 언급한 쇼어가 소인수 분해 문제를 빠르게 해결할 수 있는 양자 알고리즘을 제안하며 큰 전환점을 만들었다.

2000년대 이후 IBM, 구글, 리게티(Rigetti), 디웨이브(D-Wave) 등의 다양한 기업과 연구 기관이 양자 하드웨어 개발에 참여하면서, 이론을 넘어 실제 구현 단계로 전환되기 시작했다. 2019년에 구글은 Nature 논문에서 53 큐비트로 작동하는 양자 프로세서(quantum processor) 시카모어(Sycamore)를 개발하여 슈퍼컴퓨터로 약 1만 년 걸리는 계산을 단 200초에 수행하여 양자 우위를 입증했다고 발표해 큰 주목을 받았다(Arute et al., 2019). 한편, IBM은 2023년에 1121 큐비트 양자 프로세서 콘도르(Condor)를 개발했으며, 2025년 6월에 대규모 오류 내성(fault tolerance) 양자컴퓨터를 구축하기 위한 로드맵을 발표하였다(Mandelbaum et al., 2025). IBM뿐만 아니라 주요 양자컴퓨터 플레이어들은 각자의 양자 아키텍처에 기반한 양자컴퓨팅 로드맵을 제시하고 있다(Swayne, 2025).

양자 역학의 기본 원리 - 중첩과 얽힘

양자컴퓨터의 핵심은 양자 역학의 두 가지 기초 원리인 중첩과 얽힘이다. 중첩은 고전 물리학의 파동과 마찬가지로 두 개 또는 그 이상의 양자 상태가 함께 더해질 수 있으며 결과는 또 다른 유효한 양자 상태가 될 수 있다

(위키백과, 2025a). 하나의 큐비트가 동시에 여러 상태를 가질 수 있음을 의미하는데, 이것은 고전 컴퓨터에서는 불가능한 정보의 병렬 표현을 가능하게 만든다. 예를 들어, 고전 컴퓨터에서 비트는 0 또는 1의 값을 가지지만, 중첩 상태에서 양자 큐비트는 0 상태와 1 상태가 일정한 확률로 혼합된 상태로 존재할 수 있다. 이에 따라 양자컴퓨터는 단일 연산에서 여러 경로를 동시에 계산할 수 있게 되며, 복잡한 문제를 빠르게 처리하는 기반이 된다.

얽힘은 두 개 이상의 양자 큐비트가 하나의 상태로 얽혀서, 개별적으로 측정하더라도 서로의 상태가 즉각적으로 영향을 받는 현상이다. 예를 들면, 얽힌 두 큐비트 중 하나를 측정해 0이 나오면 다른 큐비트는 반드시 1로 확정되는 강한 상관관계를 갖는다. 얽힌 큐비트 한 쌍을 서로 멀리 떨어뜨려 측정해도, 하나의 상태 측정 결과에 따라 다른 큐비트의 상태가 자동으로 결정된다(위키백과, 2025b). 이러한 현상을 묘사하기 위해 양자 역학의 대가였던 아인슈타인은 '유령 같은 원격 작용(spooky action at a distance)'이라 불렀고, 최근 실험에서는 두 양자가 지구의 반대편에 있어도 얽힘 현상이 즉각적으로 유지됨이 확인되었다(이종필, 2022). 양자컴퓨터는 중첩과 얽힘의 물리적 원리 위에서 정보의 병렬 처리와 강력한 상관관계 활용을 통해 고전 컴퓨터로는 불가능에 가까운 자연 현상과 복잡한 계산 문제를 해결한다(조상만, 2025a).

양자컴퓨터의 기술 구성 요소

큐비트로 구동되는 양자컴퓨터의 성능은 큐비트를 얼마나 안정적으로 구현하고 제어할 수 있는지에 달려 있다. 현재 연구자들이 개발하고 있는 큐비트의 종류는 다양하다. 대표적인 큐비트 구현 기술은 크게 초전도(superconducting), 이온트랩(또는 포획 이온, trapped ions), 광자(photons), 중성 원자(natural atoms) 등이 있다(Schneider & Smallley, 2024).

초전도 큐비트는 금속을 절대영도 가까이로 냉각해 전기 저항이 없는 상태에서 양자 효과를 유지하도록 만든 것으로, 마이크로파 펄스로 조작하면 비교적 견고한 결맞음 시간(coherence time) 때문에 양자컴퓨터 연구자들이 가장 선호하는 큐비트다. IBM과 구글이 초전도 큐비트 방식을 채택하고 있는 대표적인 기업이다.

이온트랩 큐비트는 정교한 레이저 기술을 사용하여 이온트랩 입자를 큐비트로 사용하며, 긴 결맞음과 높은 충실도(high fidelity) 측정에 적합하다. 아이온큐(IonQ)와 퀀티넘(Quantinuum)이 이 기술을 활용하여 양자컴퓨터를 개발하고 있다.

광자 큐비트는 개별 빛 입자의 방향 스핀 상태를 설정하고 측정하여 광섬유 케이블을 통해 양자 정보를 전송하는데 사용할 수 있으며, 현재 양자 통신(quantum communication)과 양자 암호화(quantum cryptography)에 사용되고 있다. 광자 큐비트를 사용하는 주요 기업은 재너두(Xanadu)와 사이퀀텀(PsiQuantum)이다. 최근 국내의 한국전자통신연구원(ETRI)이 세계 최초로 8광자 큐비트 칩 개발에 성공했다(박정연, 2024).

마지막으로 중성 원자는 양전하와 음전하의 이온 전하가 균형을 이루는 것으로 정의되는데, 레이저를 사용하면 이러한 원자를 여러 여기 상태(excited states)로 에너지를 충전할 수 있으며, 이 중 두 개를 사용하여 확장 및 연산에 적합한 큐비트를 만들 수 있다. 중성 원자를 사용하여 양자컴퓨터를 개발하는 기업은 파스칼(Pasqal)과 큐에라(QuEra)가 있다. 일본에서는 분자과학연구소, 히타치제작소, 오사카대학교 등이 공동 개발한 중성 원자 기반 양자컴퓨터가 2025년에 가동될 예정이다(이병구, 2025). 국내에서도 양자컴퓨팅 스타트업 오큐티(OQT)가 카카

오벤처스와 블루포인트로부터 시드 투자를 유치하여 중성 원자 기반 양자 처리 장치(quantum processing unit, QPU)를 개발하고 있다(송재민, 2025). 최근 캘리포니아 공과대학교(California Institute of Technology, Caltech)가 중성 원자 기반으로 6100개 큐비트를 구현했다고 보고되었다. 이 성과는 기존 수백 개 수준을 넘어 높은 수준의 큐비트를 유지하면서도 실제로 적용 가능한 수준의 안정성과 정확도를 확보했다고 한다. 예를 들면, 큐비트의 상태 안정성을 의미하는 코히런스 시간이 13초로 기존 실험 대비 약 10배 정도 긴 시간이고, 단일 큐비트의 연산 정확도는 99.98%로 측정됐다(안드레아 윤, 2025).

큐비트 구현 기술은 각각의 장단점이 뚜렷하다. 예를 들어, 초전도 큐비트는 빠른 연산 속도와 제조 공정상의 확장성 면에서 유리하지만, 잡음에 민감하고 큐비트 수가 많아질수록 안정성이 떨어진다. 반면, 이온트랩 큐비트는 큐비트 간의 연결성이 뛰어나 고정밀 연산에 적합하지만, 연산 속도는 상대적으로 느리다. 큐비트 기술마다 장단점이 존재하므로 한계 극복과 상용화를 위해 여러 방식이 동시에 연구되고 있다.

한편, 양자컴퓨터는 고전 컴퓨터의 AND, OR 등의 논리 게이트(logic gate)와 유사한 양자 논리 게이트

(quantum logic gate)를 이용해 연산을 수행한다. 큐비트의 상태를 정교하게 변화시키는 연산자인 양자 논리 게이트에는 하다마드 게이트(Hadamard gate), CNOT (controlled NOT) 게이트, 파울리 게이트(Pauli gate) 등이 있으며, 이러한 게이트를 조합해 양자 회로(quantum circuit)를 구성한다(Wikipedia, 2025). 이러한 양자 회로는 큐비트 간의 얽힘을 유도하거나 중첩 상태를 확장하는 등 다양한 계산을 가능하게 한다. 그러나 양자 상태는 매우 불안정하며, 미세한 진동이나 전자기 간섭에도 쉽게 붕괴한다. 따라서 실용적인 양자컴퓨터에는 양자 오류를 제어하는 기술이 필요하다.

양자컴퓨팅에서 양자 오류를 제어하는 방법은 양자 오류 정정(quantum error correction, QEC), 양자 오류 억제(quantum error suppression, QES), 그리고 양자 오류 완화(quantum error mitigation, QEM)가 있다. 이 세 가지 방법은 양자컴퓨터의 신뢰도와 정확도를 향상하는 데 중요한 역할을 한다(조상만, 2025b).

QEC는 오류를 적극적으로 감지하고 수정하여 논리적 큐비트의 정보를 보호하는 방법으로 다수의 물리적 큐비트를 사용하여 하나의 논리적 큐비트를 인코딩하는 방식으로 동작한다. 논리적 큐비트는 오류 정정이 가능하도록 설계되어 있어, 물리적 큐비트에 오류가 발생하더라도 전체 정보는 보존된다. QEC 코드는 3큐비트 중복 코드, 쇼어 코드(Shor code), 스테인 코드(Steane code), 표면 코드(surface code) 등이 있다. 이 중 표면 코드는 현재 구글, IBM 등에서 가장 많이 연구되고 있는 방식이다. 이와 같이 최근 QEC 기술은 양자컴퓨팅 분야에서 가장 주목받는 연구 주제가 되었고, 기업들이 관련 기술을 서둘러 개발하고 있다(이승우, 2024). QES는 양자 오류가 발생할 가능성 자체를 줄이는 것이 목적인 기술로 하드웨어 수준에서 오류 발생 자체를 예방하는 데 중점을 둔다. QEM은 오류의 영향을 줄이거나 상쇄하여 결과의 정확도를 향상하는 방법이다.

양자 오류를 제어하는 세 가지 방법은 각각 다른 상황과 하드웨어 조건에서 유용하며, 실제로 이러한 방법들을 조합하여 사용하는 경우가 많다. 예를 들면, 하드웨어 수준에서 QES를 적용하여 오류 발생을 줄이고, QEM을 통해 남아 있는 오류의 영향을 완화하며, 장기적으로는 QEC를 구현하여 결함 허용 양자컴퓨팅을 실현하는 방식이다(조상만, 2025b).

양자컴퓨터가 풀 수 있는 문제들

양자컴퓨터의 가장 큰 매력은 고전 컴퓨터로는 실질적으로 계산할 수 없는 문제들을 해결할 수 있다는 점이다. 대표적인 문제 몇 가지를 살펴보자. 첫 번째 예는 현대 암호 체계의 기반이 되는 공개키 암호화 알고리즘의 하나인 RSA다. RSA는 소인수 분해를 기반으로 하고 있다. 고전 컴퓨터에서는 큰 수인 수백 자리의 소수를 소인수 분해하는 데 수백만 년이 걸릴 수 있지만, 쇼어 알고리즘을 실행할 수 있는 완전한 양자컴퓨터가 있다면 이론적으로 몇 초 또는 몇 분 내에 풀려 모든 공개키 암호 체계가 붕괴될 수 있다. 두 번째 예는 그로버 알고리즘(Grover's algorithm)을 이용한 비정렬 데이터베이스 검색 문제다. 이 문제를 푸는 데 고전 컴퓨터는 n번의 검색이 필요하지만, 양자컴퓨터는 $\sqrt{n}$ 번이면 충분하다. 마지막으로 물류나 네트워크 최적화 등에서 등장하는 외판원 순회 문제(traveling salesman problem, TSP)다. 이 예는 외판원이 n개의 도시를 한 번씩만 방문하는 최단 경로를 찾아야 하는데, 도시 개수가 늘어날수록 경우의 수가 폭발적으로 증가해 슈퍼컴퓨터로도 해결할 수 없는 NP(nondeterministic polynomial time)-난해(NP-hard) 집합에 속하기 때문에 계산 이론에서 해를 구하기 어려운 대표적인 문제다. 양자 담금질(quantum annealing) 같은 양자컴퓨팅 알고리즘은 이런 문제들에 대해 효율적인 근사 해답을 찾는 데 강점을 보인다(Joshi, 2024).

양자컴퓨터의 계산 능력은 단순한 속도 차이를 넘어, 문제 해결의 패러다임 자체를 변화시킨다. 예를 들어, 양자 시뮬레이션(quantum simulation)은 고전 컴퓨터가 처리하지 못하는 분자 구조와 화학 반응의 정확한 예측을 가능하게 한다. 제약 산업의 신약 개발 시간과 비용을 획기적으로 줄일 수 있으며, 양자 소재 개발, 고온 초전도체 연구 등에도 활용된다. 또한 복잡한 금융 포트폴리오 최적화, 고차원 물류 솔루션 등에서도 양자컴퓨터는 효율적인 계산을 제공할 수 있는 잠재력이 있다.

참고문헌

박정연(2024.9.4). "ETRI, 양자컴퓨팅 위한 '8광자 큐비트 칩' 최초 개발". 동아사이언스.
https://m.dongascience.com/news.php?idx=67300

송재민(2025.2.13). "양자컴퓨팅 스타트업 'OQT', 카카오벤처스·블루포인트로부터 30억 투자유치". 마켓인.
https://marketin.edaily.co.kr/News/Read?newsId=02479686642070192

안드레아 윤(2025.9.29). "칼텍, 중성 원자 기반 양자 컴퓨터 신기록

수립… 6100개 큐비트 구현 : 네이처.". BlockMedia.
https://www.blockmedia.co.kr/archives/983178

위키백과(2025a). "양자 얽힘".
https://ko.wikipedia.org/wiki/%EC%96%91%EC%9E%90_%EC%96%BD%ED%9E%98

위키백과(2025b). "양자 중첩".
https://ko.wikipedia.org/wiki/%EC%96%91%EC%9E%90_%EC%A4%91%EC%B2%A9

이병구(2025.3.4). "日 첫 중성 원자 양자컴 연내 가동… "2030년 1만 큐비트 목표"". 동아사이언스.
https://m.dongascience.com/news.php?idx=70333

이승우(2024.10.31). "양자 오류 정정과 결함허용 양자컴퓨팅". 한국물리학과 첨단기술.
https://webzine.kps.or.kr/?p=5_view&idx=17026

이종필(2022.3.7). "얽힘, 유령 같은 원격작용". 동아사이언스.
https://m.dongascience.com/news.php?idx=53028

조상만(2025a). "양자 컴퓨팅이란 무엇인가? – Part 3: 큐비트, 양자 중첩, 얽힘 및 측정, 고속 연산을 수행하는 방법". AWS 기술 블로그.
https://aws.amazon.com/ko/blogs/tech/what-is-quantum-computing-3/

조상만(2025b). "양자 컴퓨팅이란 무엇인가? – Part 6: 양자 컴퓨터의 성능지표, 도전 사항, 양자 오류 제어". AWS 기술 블로그.
https://aws.amazon.com/ko/blogs/tech/what-is-quantum-computing-6/

Arute, F. et al.(2019.10.23). Quantum supremacy using a programmable superconducting processor. *Nature, 574*, pp.505~510.

https://www.nature.com/articles/s41586-019-1666-5

Joshi, T.(2024.7.28). Traveling Salesman Problem Using Quantum Computing. Medium. https://medium.com/the-quantastic-journal/traveling-salesman-problem-using-quantum-computing-02ae6356544b

Mandelbaum, R. et al.(2025.6.10). How IBM will build the world's first large-scale, fault-tolerant quantum computer. IBM blog. https://www.ibm.com/quantum/blog/large-scale-ftqc

Schneider, J. & Smalley, I.(2024.28). "큐비트(Qubit)란 무엇인가요?". IBM. https://www.ibm.com/kr-ko/topics/qubit

Swayne, M.(2025.8.11). Quantum Computing Roadmaps: A Look at The Maps And Predictions of Major Quantum Players. Quantum Insider. https://thequantuminsider.com/2025/05/16/quantum-computing-roadmaps-a-look-at-the-maps-and-predictions-of-major-quantum-players/

Turner, L.(2024). Shor's Algorithm and RSA Encryption. Quantum Algorithm Institute. https://www.qai.ca/resource-library/shors-algorithm-and-rsa-encryptionnbsp

Wikipedia(2025). Quantum logic gate. https://en.wikipedia.org/wiki/Quantum_logic_gate

03
AI와 양자컴퓨터의 만남

AI와 양자컴퓨터의 만남은 AI가 양자컴퓨터 개발을 돕고, 양자컴퓨터가 AI 개발을 가속하는 윈윈 전략으로 서로의 기술적 한계를 돌파할 수 있을 것으로 기대된다. AI는 양자컴퓨터 하드웨어 제어, 양자 오류 정정 등의 기술적인 문제를 해결하여 양자컴퓨터 실용화 시기를 앞당기고, 양자컴퓨터는 AI 연산과 학습을 초고속으로 가속하여 새로운 미래 패러다임을 만들어 가고 있다.

인공지능과 편향?

AI를 활용한 양자컴퓨터 개발

최근 양자컴퓨터 기술의 발전으로 차세대 컴퓨팅 자원에 대한 기대감이 높아져 양자컴퓨터와 AI의 융합 가능성에 관한 연구가 증가하고 있다. 또한 다양한 산업에 활용되고 있는 AI 기술이 양자컴퓨터 개발에도 활발하게 사용되고 있다. 이와 같은 AI와 양자컴퓨터의 융합은 두 가지 방향으로 전개되고 있다. 한 가지 방향은 AI를 활용한 양자컴퓨터 개발 즉, 'AI for Quantum'이고, 다른 방향은 양자컴퓨터를 활용한 AI 개발 즉, 'Quantum for AI'다(Zhu & Yu, 2023; Acampora et. al., 2025).

AI를 활용한 양자컴퓨터 관련 기술 개발은 기존 양자컴퓨터 하드웨어 및 소프트웨어 개발의 기술적 어려움을 보완하거나 개선할 수 있다. 게다가 범용 양자컴퓨터 개발을 향한 전반적인 양자컴퓨팅 발전 과정에서 AI 기술과의 융합은 중요한 역할을 할 것으로 기대한다(김지민, 2025). AI 기술은 양자컴퓨터의 하드웨어, 소프트웨어, 전처리, 양자 알고리즘, 물리적 파라미터 최적화, 게이트 펄스 최적화, 오류 정정, 후처리, 하이브리드 양자컴퓨팅 등 광범위하게 활용되고 있다(Alexeev et al., 2024). 양자컴퓨터는 고전 컴퓨터와는 달리, 양자 정보의 기본 단위인 큐비트를 기반으로 작동하며, 이 큐비트는 극한의 온도, 진동, 전기적 잡음 등 외부 환경 변화에 민감하여 쉽게 영향을 받는다. 큐비트의 상태를 안정적으로 유지하고 정밀하게 제어하기 위해서는 복잡한 제어 알고리즘과 실시간 정정 기술이 필요하며, 이는 매우 높은 수준의 기술력을 요구한다.

AI 기술이 양자컴퓨터 개발을 돕는 방법의 한 예는 양자컴퓨터의 냉각, 통신, 정렬 등 미세한 하드웨어 제어 절차에서 고장이나 오동작이 발생했을 경우, 기존에는 수동 분석이 필요했지만, AI 시스템은 실시간 센서 데이터와 운영 로그를 자동으로 분석하여 고장 원인을 식별하고 복구 절차를 제시하는 등 효율성과 오류 대응력을 향상한다(김지민, 2025). 민감한 실험 환경에서도 AI는 양자시스템의 자율 제어와 자동 보정을 실현하는 역할을 담당한다.

현존하는 양자컴퓨터는 오류에 매우 취약하다. 특히 양자 기술 분야 연구자들은 '우리는 여전히 니스크(noisy intermediate-scale quantum, NISQ) 시대에 살고 있다'고 한다(최봉, 2023). 니스크는 앞으로 등장할 양자컴퓨터가 양자 잡음을 보정하지 못해서 오류가 많이 날 것이라는 사실을 한마디로 표현하는 말이다(김한영, 2021). 최근 구글은 양자컴퓨터의 오류를 정확하게 식별하는 AI

시스템 '알파 큐비트(AlphaQubit)'를 발표했다(Bausch et al., 2024). AlphaQubit는 구글이 개발한 AI 아키텍처 트랜스포머를 이용해 개발한 AI 기반 시스템으로서 구글 양자 프로세서 Sycamore 내의 49개 큐비트의 오류를 정정할 수 있도록 훈련돼 있다. 큐비트 오류 정정 성능 면에서 AlphaQubit는 기존의 '텐서 네트워크(tensor network)'나 '상관 매칭(correlation matching)' 기술과 비교해 각각 6%와 30% 적은 오류율을 보였다. 하지만 아직 해결해야 할 과제도 남아 있다. AlphaQubit는 오류를 식별하는 데에는 탁월하지만 실시간으로 오류를 수정하는 속도는 한계가 있다. 예를 들면, 매초 100만 회 측정되는 초전도 양자 프로세서에 적용하기에는 너무 느린 문제를 안고 있다고 한다(김희영, 2024).

한편, 양자컴퓨터를 활용하기 위해서는 양자 알고리즘의 개발이 필요하며, 양자 알고리즘의 복잡한 설계에 AI 기술의 활용이 가능하다(김지민, 2025). 양자 알고리즘을 양자 하드웨어에서 실제 연산이 수행되는 회로로 변환할 때, AI는 정확하고 효율적으로 동작하도록 구현을 돕는다. AI 모델이 양자 회로(quantum circuit)의 구조를 학습하여 회로의 깊이, 구성 등을 조정할 수 있다. 예를 들면, 구글, 퀀티넘 및 암스테르담대학교 연구원들은 심층 강화 학습(deep reinforcement learning)을 활용하여 회로를 학습하고, 고비용의 게이트를 최소화하여 효율적인 최적화 회로를 구성하는 '알파텐서-퀀텀(AlphaTensor-Quantum)'을 제안했다(Ruiz et al., 2025). 알파텐서-퀀텀 시스템은 양자 연산 비용을 줄이고, 양자 암호(quantum cryptography), 화학 및 재료 과학 분야에서 양자 알고리즘의 실용화를 앞당길 것으로 기대된다.

양자컴퓨터를 활용한 AI

현재 우리가 사용하고 있는 AI 모델의 훈련은 거대한 양의 데이터를 반복적으로 처리하고 수많은 파라미터를 조정하는 과정을 거쳐야 한다. 고전 컴퓨터 환경에서는 대량의 컴퓨팅 자원과 시간을 소모해야 한다. 특히 대규모 자연어 모델이나 이미지 생성 모델과 같이 수백억~수천억 개에 달하는 파라미터를 처리하는 AI 모델의 경우, 데이터 센터에서 수일에서 수주에 걸쳐 GPU 클러스터를 가동해야 하는 상황도 흔하다.

양자컴퓨터가 특정 문제에서 고전 컴퓨터보다 훨씬 빠른 연산을 가능케 하는 양자 우위(quantum supremacy)를 활용하여 AI 기술 개발을 가속하는 연구가 진행 중이다. 고전 컴퓨터에서 풀기 어려운 문제를 양자컴퓨터에서 풀 수 있기도 하고, 데이터를 활용한 AI의 발전으로 해결할 수 있는 문제의 범위가 확장되었지만, 여전히 AI 기술로도 해결할 수 없는 일부 복잡도가 높은 문제들은 양자컴퓨터가 답을 찾을 수도 있다(Huang et al. 2021; 김지민, 2025).

양자컴퓨터 기술을 AI 기술 개발에 활용한 연구 결과들은 놀라운 성능을 보인다. 특정 문제에서 고전 컴퓨터와 비교하여 계산이 기하급수적으로 빠른 양자컴퓨터의 장점을 활용한 '양자 AI(quantum AI, QAI)'다. 중첩과 얽힘을 활용한 양자컴퓨터가 가지는 연산 이점을 활용하여 고전 컴퓨터로 해결하기 어려운 복잡한 문제를 획기적으로 처리할 수 있는 양자 우위를 활용하는 양자 AI는 기계 학습, 인공 신경망, 대규모 언어 모델 등의 AI 연구와 개발에 활용되고 있다. 실제 실험에서 기존 AI 모델이 2만 번 학습해야 도달하는 성능을 양자컴퓨터 기반 AI 모델은 단 26번 학습으로 달성한 사례도 보고됐다. 또한 양자컴퓨터는 기존 방식으로는 처리하기 어려운 복잡한 데이터 구조를 효과적으로 파악할 수 있어 새로운 AI 발전 가능성을 제시하고 있다(김은영, 2025).

양자 AI에 대한 관심이 증가하게 된 것은 최근 양자컴퓨터 하드웨어 기술의 의미 있는 진전으로 인해, 대규모 언어 모델과 같은 AI 모델의 학습과 추론에 필요한 거대한 컴퓨팅 자원의 한계를 극복하려는 노력이 있었기 때문이다. 대표적인 양자 AI 분야에 속하는 기술은 양자 최적화(quantum optimization), 양자 기계 학습(quantum machine learning, QML) 등이 있다(Wang et al., 2025).

참고문헌

김은영(2025.7.23). ""2만번 학습을 26번으로" 양자컴퓨터의 충격적 학습 효율… AI 혁명 2막 시작?". AI Matters. https://aimatters.co.kr/news-report/ai-report/27268/

김지민(2025.7.21). "양자컴퓨팅과 AI 융합 발전 가능성과 시사점". 《이슈리포트》, IS-204. 소프트웨어정책연구소. https://www.spri.kr/file_html/is204/index.html

김한영(2021.2.9). "NISQ 시대의 양자 컴퓨터". Horizon. https://horizon.kias.re.kr/16769/

김희영(2024.11.21). "구글, 양자컴퓨터 오류 정정 AI 'AlphaQubit' 발표". 테크튜브. https://www.techtube.co.kr/news/articleView.html?idxno=5289

최봉(2023.10.31). "[퀀텀 컴퓨팅 들여다보기 (5)] 퀀텀 컴퓨터는 여전히 '니스크(NISQ)' 시대, 하지만 잠재력 보고 꾸준히 준비해야". 뉴스투데이. https://www.news2day.co.kr/article/20231028500011

Acampora, G. et al.(2025.6.30). Quantum computing and artificial intelligence: status and perspectives. arXiv Preprint. https://arxiv.org/abs/2505.23860

Alexeev, Y. et al.(2024.11.14). Artificial Intelligence for Quantum Computing. arXiv Preprint. https://arxiv.org/abs/2411.09131

Bausch, et al.(2024.11.20). Learning high-accuracy error decoding for quantum processors. *Nature, 635*, pp.834~840. https://www.nature.com/articles/s41586-024-08148-8

Huang, H.-Y. et al.(2021). Power of data in quantum machine learning. *Nature Communications, 12*, 2631. https://www.nature.com/articles/s41467-021-22539-9

Ruiz, F. et al.(2025.3.20). Quantum circuit optimization with AlphaTensor. *Nature Machine Intelligence, 7*, pp.374~385. https://www.nature.com/articles/s42256-025-01001-1

Wang, X. et al.(2025.5.7). Quantum Artificial Intelligence for Software Engineering: the Road Ahead. arXiv Preprint. https://arxiv.org/abs/2505.04797

Zhu, Y. & Yu, K.(2023.6.8). Artificial intelligence (AI) for quantum and quantum for AI. *Optical and Quantum Electronics, 55*(8), 697. https://link.springer.com/article/10.1007/s11082-023-04914-6

04
양자 AI

양자 AI는 양자컴퓨터의 병렬성을 AI 모델에 결합하여, 기존 AI 기술이 도달하지 못한 학습 속도와 문제 해결 능력의 도약을 만들어 낸다. 이는 단순한 기술의 진화를 넘어, AI의 패러다임을 양자적 사고방식으로 전환하는 서막이다.

청각장애인과 AI?

양자 AI(quantum AI)의 개념

무서운 속도로 발전하고 있는 AI 기술은 이전의 고전 컴퓨터 하드웨어나 소프트웨어의 한계를 극복하기 위해 고군분투하고 있다. 사람의 능력을 뛰어 넘는 AI의 잠재력에도 불구하고 현재 AI 시스템에 필요한 엄청난 에너지 소비, 긴 연산 처리 시간, 그리고 모델의 투명성과 신뢰성 문제 등으로 인해 여전히 기술의 한계와 위험성에 대한 우려가 존재한다. 양자컴퓨터의 계산 능력을 AI 시스템에 접목해, 고전 컴퓨터가 감당하기 어려운 복잡한 연산과 데이터 분석을 수행하려는 접근 방식이 양자 AI (quantum AI)다(Schneider & Smalley, 2025; Wang et al., 2025).

양자 AI는 기계 학습, 인공 신경망, 대규모 언어 모델 등 기존 AI 모델의 연산 시간과 자원 소모의 한계를 극복하기 위해, 큐비트의 중첩과 얽힘 특성을 활용해 여러 상태를 동시에 처리할 수 있는 병렬성에 기반한 혁신적인 양자컴퓨터를 활용하는 연구 분야다. 양자컴퓨터 하드웨어를 사용하여 계산을 수행하는 양자컴퓨팅을 미래 AI 시스템에 통합하는 양자 AI는 컴퓨팅 성능, 알고리즘 효율성 및 일반적인 문제 해결 능력의 새로운 지평을 열 수 있고, 양자컴퓨팅의 패러다임 전환 능력이 AI 기술이 앞으로 나아갈 수 있는 강력한 길을 제시할 수 있을 것으로 기대된다. 이 양자 AI 개념은 2010년대 중반부터 학계와 산업계에서 본격적으로 논의되기 시작했으며, 구글, IBM, 아마존, 마이크로소프트 등 글로벌 IT 기업들이 이 분야 연구에 적극적으로 투자하고 있다.

양자 AI가 실용화된다면 금융, 의료, 물류, 신약 개발, 사이버 보안 등 다양한 산업 분야에서 혁신을 불러올 가능성이 크다. 금융권에서는 양자 AI가 기존 금융 모델보다 빠르고 정밀한 시장 예측을 가능하게 하며, 의료 분야에서는 유전자 분석과 신약 개발을 획기적으로 앞당길 수 있다. 또한 사이버 보안에서는 양자 내성 암호(quantum-resistant cryptography, QRC)를 통해 해킹을 원천적으로 차단할 수 있는 기술적 토대가 마련될 수 있다. 그러나 업계에서는 양자 AI의 실용화까지 최소 수 년에서 수십 년이 걸릴 것으로 전망한다. 그럼에도 불구하고 IT 기업들은 양자컴퓨터의 발전이 AI의 한계를 극복하는 데 필수적인 요소가 될 것이라 보고 연구 개발을 이어가고 있다(최창현, 2025).

양자 회로 기반 AI 모델

양자 회로(quantum circuit)는 양자 정보 이론에서 고전 컴퓨터의 회로와 유사한 양자 계산을 위한 모델이다. 이 양자 회로는 AI에서의 정보 처리 단위로 활용될 수 있으며, 큐비트를 기반으로 하는 논리 게이트들의 조합으로 구성된다. 큐비트는 중첩 원리에 의해 0과 1의 상태를 동시에 표현할 수 있는데, 이러한 성질은 양자 회로 내에서 병렬 계산을 가능하게 하며, AI 모델이 필요한 고차원 데이터의 표현 및 처리에 적합한 계산 구조를 제공한다. 대표적인 양자 논리 게이트에는 Hadamard, CNOT, Pauli-X/Y/Z 등이 있으며, 이들을 조합하여 복잡한 양자 회로를 구현할 수 있다(Wikipedia, 2024; Wikipedia, 2025).

양자 얽힘은 양자 회로 내 정보 표현의 또 다른 핵심 요소로, 두 개 이상의 큐비트가 서로 영향을 주는 상태로 연결되는 개념이다. 이러한 얽힘 상태는 양자 AI에서 변수 간 복잡한 상관관계를 표현하거나, 연산 단계를 최적화하는 데 사용된다. 예를 들어, 얽힌 큐비트 쌍은 신경망의 은닉층에서 복잡한 특징 간의 의존성을 모사할 수 있다. 양자 회로 설계에서 얽힘을 적절히 구성하고 제어하는 것이 양자 AI 모델의 성능을 좌우하는 중요한 요소로 작용한다.

양자 회로가 AI 모델로 기능하기 위해서는 학습 가능

한 구조, 즉 파라미터화가 가능해야 한다. 이를 위해 파라미터화 된 양자 회로(parameterized quantum circuit, PQC)가 도입되며, 특정 게이트의 회전 각도나 조건부 동작을 변수로 설정함으로써 데이터에 따라 최적화될 수 있는 회로를 형성한다. PQC는 신경망의 가중치 조절과 유사하게, 양자 회로의 파라미터를 조정하면서 최적의 결과를 찾아간다. 대표적인 예로, 양자 회전 게이트의 회전 각도를 학습 파라미터로 사용하는 방식이 있다(김현지 외, 2023).

양자 회로의 학습은 일반적으로 고전 컴퓨터와 결합한 하이브리드 구조에서 이루어진다. 양자 회로는 데이터를 처리하고 기대 출력값을 반환하며, 이 결과는 최적화 알고리즘을 통해 파라미터 업데이트에 사용된다. 이러한 하이브리드 양자-고전 학습 방식은 니스크(noisy intermediate-scale quantum, NISQ) 시대의 기술 현실을 반영한 것으로, 현재까지 가장 실용적인 양자 AI 구현 방법으로 간주한다. 실제 모델 설계 시에는 회로의 깊이(depth, 작업을 수행하는 데 필요한 단계 수), 파라미터 수, 얽힘 구조 등이 모델 성능과 안정성에 큰 영향을 미친다. 특히 양자 회로에서는 깊이가 깊어질수록 오류가 증가하고, 파라미터 수가 더 많아지면 더 큰 규모의 하드웨어가 필요하며, 복잡한 얽힘 구조는 양자 게이트(quantum gate)를 시간 순서대로 배열해 양자 연산을 수행하는 양자 회로(quantum circuit)를 요구한다.

대표적인 양자 AI 알고리즘

대표적인 양자 AI 알고리즘은 양자컴퓨터를 활용하여 기계 학습 알고리즘을 가속하는 양자 기계 학습(quantum machine learning, QML)이다. 또 다른 양자 AI 알고리즘은 양자의 중첩과 얽힘을 활용하기 위해 양자 회로로 신경망을 구현하여 기존 신경망보다 적은 횟수로 학습 정확도를 높일 수 있도록 학습을 가속하는 시도인 양자 신경망(quantum neural networks, QNN), 양자 강화 학습(quantum reinforcement learning, QRL) 등이 있다.

QML은 크게 세 가지로 구분할 수 있다. 첫째는 다체 시스템(many-body systems) 시뮬레이션과 같은 양자 작업(quantum tasks)을 개선하기 위해 기존의 기계 학습을 이용하는 방법, 둘째는 기존 기계 학습의 속도를 높이기 위해 양자컴퓨터를 활용하는 방법, 마지막으로 양자 데이터를 갖는 학습 작업을 수행하기 위해 양자컴퓨터를 이용하는 형태다(Beer, 2020). QML의 주요 알고리즘으로는 지도 학습에 해당하는 양자 서포트 벡터 머신

(quantum support vector machine, QSVM), 양자 k-최근접 이웃(quantum k-nearest neighbors) 알고리즘 등이 있고, 비지도 학습에 속하는 양자 주성분 분석(quantum principal component analysis, QPCA), 양자 k-평균 군집화(quantum k-means clustering) 등이 있다(Beer, 2022; Chen et al., 2024).

QNN은 신경망의 구조를 양자 회로로 구현한 개념으로 적은 횟수의 학습으로 정확도를 높일 수 있도록 학습을 가속하는 모델이다. QNN은 연속 파라미터 함수로 구성되어 파라미터에 대해 미분 가능한 구조로 기존 신경망처럼 기울기를 최적화하는 경사 하강법(gradient descent method)을 적용할 수 있다. 그러나 학습 과정에서 파라미터를 업데이트하는 방식은 기존 신경망과 다르다. 신경망은 오차 역전파(error backpropagation)를 통해 출력층에서 손실 함수(lost function)를 계산하여 입력층 방향으로 역전파하여 모든 파라미터의 기울기를 계산할 수 있지만, QNN은 측정에 따른 정보 소실 때문에 파라미터마다 개별적으로 기울기를 계산한다(김현지 외, 2023). 결과적으로 파라미터가 증가할수록 두 방식 모두 계산 비용이 증가하지만, QNN이 기존 신경망에 비해 상대적으로 비효율적일 수 있다. 현재 QNN에 기반한 다양한 모델이 등장하고 있으며, 대표적인 모델은 양자 합성곱 신경망(quantum convolutional neural network QCNN), 양자 생성형 적대 신경망(quantum generative adversarial network, QGAN) 등이다. 이러한 모델들은 양자 회로를 통해 새로운 데이터를 생성하거나 기존 데이터의 분포를 모사하는 데 사용된다. 예를 들면, 이미지나 비디오의 인식과 생성, 금융 시계열 시뮬레이션 등 다양한 분야에서 실험되고 있다.

한편, QRL은 양자컴퓨터의 계산 능력을 활용하여 에이전트가 환경과 상호작용하며 최적의 정책을 학습하도록 돕는 양자 기계 학습의 한 분야다. QRL은 양자 회로를 사용하여 양자 데이터를 모델링하고 처리하며, 데이터의 중첩과 얽힘 원리를 통해 기존 강화 학습의 한계를 극복할 수 있다. QRL의 대표적인 활용 분야는 복잡한 최적화 문제의 효율적 해결, 새로운 AI 모델 개발, 양자 시스템의 정밀 제어 등이 있다(Meyer et al., 2024).

기업들의 양자 AI 개발과 활용

양자 AI의 초기 응용 사례는 IBM, 구글, 디웨이브(D-Wave) 등 양자컴퓨터 분야 선도 기업을 중심으로 나타나고 있다. 예를 들어, IBM은 키스킷(Qiskit) 프레임워크를 통해 양자 커널(quantum kernel) 기반 분류기와 양자 신경망의 실험적 구현을 지원하고 있다. 또한 전 세계 주요 기업, 연구 기관이 참여하는 '양자 생태계' 구축을 추진하고 있다(진동영, 2024).

구글은 2019년 양자 우위를 입증한 이후, 양자 회로를 활용한 패턴 인식 및 시계열 예측 실험을 지속적으로 확대하고 있다. 특히 구글 딥마인드는 양자 강화 학습의 알고리즘적 토대를 마련했으며, 최근 퀀티넘(Quantinuum)과 함께 알파텐서-퀀텀(AlphaTensor-Quantum) 시스템을 공동 개발해 양자컴퓨터 실현 가능성을 가로막는 가장 큰 기술 장벽 중 하나인 양자 회로 최적화의 한계를 넘을 수 있는 해법을 제시했다(최광현, 2025).

또한 양자컴퓨팅 전문 기업 D-Wave는 하이브리드 양자-고전 시스템을 기반으로 최적화 문제와 기계 학습 문제를 해결하려는 사례를 공개해 왔다. 최근, 양자 AI를 겨냥한 '립 퀀텀 클라우드 서비스(leap quantum cloud service)' 확장 로드맵을 제시했다. 이 로드맵은 사전 학습 최적화, 더 정확하고 효율적인 모델 학습, AI 예측 제품 수요 요건을 지원하기 위한 양자 공급망 최적화 등 AI와 비즈니스 최적화의 통합이 필요한 새로운 AI 비즈니스 사용 사례 등을 공개하였다. 이러한 노력은 고객이 다양한 AI 업무 부담을 해결하는 데 도움을 주기 위한 것이다(신충선, 2024).

한편, 다국적 대기업들은 미래 경쟁력 확보를 위해 양자 AI를 적극 도입하고 있다. 세계 최대 항공기 제작사 및 방위 산업체인 보잉(The Boeing Company)은 IBM과 협력하여 항공기 설계와 최적화 문제에 양자컴퓨터를 활용하고 있다. 메르세데스-벤츠(Mercedes-Benz)는 전기자동차 배터리의 화학 반응을 시뮬레이션하기 위해 IBM과 협력하고 있다. 이를 통해 배터리 개발 과정을 단축하고 더욱 효율적인 화학 반응을 연구하고 있다(Goover, 2025).

참고문헌

김현지 외(2023). "양자컴퓨팅을 이용한 양자 인공지능 기술 동향". 《정보보호학회지》, 33(2), 57~66쪽.

신충선(2024.7.31). "D웨이브, AI/ML 겨냥한 '퀀텀 클라우드 서비스 확장' 로드맵 발표". 양자신문. https://www.quantumtimes.net/news/articleView.html?idxno=54171

진동영(2024.8.8). "벤츠도, 보잉도 이미 '퀀텀 시대' 진입… 양자컴퓨터 생태계 열린다". 서울경제. https://www.sedaily.com/NewsView/2DCXP5J802

최광현(2025.3.24). "구글 딥마인드-콴티뉴엄 공동개발, 알파텐서-퀀텀 강화 학습으로 양자 회로 최적화의 한계를 넘다".

양자신문.
https://www.quantumtimes.net/news/articleView.html?idxno=54810
최창현(2025.3.12). “양자 AI, AI의 한계를 넘을까… 기술 혁신과 현실적 한계는?”. AI신문.
https://www.aitimes.kr/news/articleView.html?idxno=34204
Goover(2025.4.2). 양자컴퓨터 시대의 개막: 혁신의 다리를 놓다.
https://seo.goover.ai/report/202504/go-public-report-ko-a6f7dd76-7c91-4041-b543-3b7762f406fc-0-0.html
JackerLab(2025). QSVM(Quantum Support Vector Machine).
https://itpe.jackerlab.com/entry/QSVM-Quantum-Support-Vector-Machine
Beer, K. et al.(2020). Training deep quantum neural networks. *Nature Communications, 11*, 808.
https://doi.org/10.1038/s41467-020-14454-2
Beer, K.(2022). Quantum neural networks. arXiv preprint.
https://arxiv.org/abs/2205.08154
Chen, L. et al.(2024). Design and analysis of quantum machine learning: a survey. *Connection Science, 36*(1), 2312121.
https://www.tandfonline.com/doi/full/10.1080/09540091.2024.2312121
Karar, D.(2024.9.14). Quantum Support Vector Machines (QSVM) using Qiskit. Medium.
https://medium.com/@devmallyakarar/quantum-support-vector-machines-qsvm-using-qiskit-eee347e81d83
Meyer, N. et al.(2024.3.8). A Survey on Quantum Reinforcement Learning. arXiv Preprint. https://arxiv.org/abs/2211.03464
Schneider, J. & Smalley, I.(2024.3.12.). “퀀텀 AI란 무엇인가요?”.

IBM. https://www.ibm.com/kr-ko/topics/quantum-ai
Wang, X. et al.(2025.5.7). Quantum Artificial Intelligence for Software Engineering: the Road Ahead. arXiv Preprint. https://arxiv.org/abs/2505.04797
Wikipedia(2024). Quantum circuit. https://en.wikipedia.org/wiki/Quantum_circuit
Wikipedia(2025). List of quantum logic gates. https://en.wikipedia.org/wiki/List_of_quantum_logic_gates

05
AI로 구현하는 양자 시뮬레이션

AI는 단순한 계산 보조 도구가 아닌, 양자 시스템의 복잡한 물리 현상을 이해하고 탐색하는 과학의 공동 창작자로 진화하고 있다. 양자 시뮬레이션 분야에서 AI는 실험 설계, 데이터 해석, 이론 확장까지 주도하며 미래 과학의 사고방식 자체를 재정의하고 있다. 신약 개발, 분자 예측, 물리 시뮬레이션 등 과정에서 AI 기반 양자 시뮬레이션은 현실적 시간에 불가능했던 문제를 해결하고 있다.

AI 콘텐츠 크리에이터?

양자 시뮬레이션의 필요성

양자 시뮬레이션(quantum simulation)은 고전 컴퓨터로는 계산이 어려운 양자 시스템의 특성을 잘 통제된 다른 양자 시스템을 이용하여 모사하는 것이다(이창협 외, 2025). 양자컴퓨터를 사용하여 양자 시스템 시뮬레이션을 수행하게 되면 연구자들은 분자 역학(molecular dynamics)을 더 정확하게 모델링할 수 있고, 이는 여러 산업에서 재료 과학과 발견 과정을 혁신할 수 있다(Qisk, 2022; Resonance, 2024).

양자 시스템은 큐비트 간 얽힘, 다체 시스템(many-body systems) 상호작용, 확률적 현상 등으로 인해 고전 컴퓨터로는 정확한 시뮬레이션이 매우 어렵다. 예를 들어, 50개의 큐비트만으로도 상태 공간의 크기는 2^{50}(약 1125조), 즉 1 페비비트(Pebibit)의 상태를 가진다. 이러한 상태의 지수적 증가 때문에 양자 다체 시스템이나 고차원 얽힘 상태의 동역학을 시뮬레이션하는 것은 현존하는 슈퍼컴퓨터로도 벅차다. 특히 전자 간 상호작용, 양자 상전이(quantum phase transition), 위상적 특성(topological property) 등은 현실적으로 기존 시뮬레이터를 사용하여 다룰 수 없다.

또한 환경과의 상호작용이나 잡음과 같은 외부 조건

이 개입된 양자 열역학 시스템은 기존 수치 해석 기법으로는 정확히 모델링하기 어렵다. 기존 시뮬레이션 알고리즘은 본질적으로 양자 얽힘이나 불확정성, 파동 함수의 중첩 등의 개념을 근사 처리하게 되어 근본적인 차이를 만들 수밖에 없다. 이러한 한계는 실험적 연구의 설계나 예측 정밀도에서 불확실성을 증가시키며, 결과적으로 연구 효율성과 비용에도 영향을 미치게 된다.

양자 시스템을 모델링하기 위한 대표적인 접근법으로는 텐서 네트워크(tensor network), 밀도 행렬(density matrix), 양자 몬테카를로(quantum Monte Carlo, QMC) 등이 있다. 텐서 네트워크는 거대한 양자 상태를 작은 텐서들의 연결 구조로 표현해 얽힘 구조를 효율적으로 포착할 수 있다는 점에서 강력하다. 특히 1차원이나 준 1차원 양자 시스템에서 계산 효율이 뛰어나며, 국소적 얽힘을 가진 상태를 정확하게 근사할 수 있다. 그러나 2차원 이상으로 확장되면 계산 복잡도가 급격히 증가하고, 고도로 얽힌 상태(highly entangled state)는 표현이 어렵다는 한계가 있다.

밀도 행렬은 순수 상태뿐 아니라 혼합 상태까지 표현할 수 있어 개방 시스템, 열적 혼합 상태, 외부 환경의 간섭으로 양자 중첩 상태가 파괴되는 디코히런스(decoherence)

같은 실제 상황을 다루는 데 유용하며, 부분 추적을 통해 서브시스템만의 상태를 기술할 수도 있다는 장점이 있다. 그러나 큐비트 수가 늘어나면 행렬 크기가 $2^N \times 2^N$으로 지수적으로 증가하기 때문에 계산 자원 소모가 매우 크고, 대규모 시스템에는 직접 적용하기 어렵다는 한계가 있다.

양자 몬테카를로는 확률적 샘플링을 활용해 복잡한 양자 다체 시스템의 기대값과 물리량을 근사 계산할 수 있어, 2차원이나 3차원 같은 고차원 시스템에서도 비교적 대규모 시뮬레이션이 가능하고, 통계적 오차만 충분히 줄이면 매우 정확한 결과를 얻을 수 있다는 장점이 있다. 그러나 계산 자원이 방대하게 소모되며, 특정 상황에서는 수렴성이 크게 떨어진다는 한계가 있다.

AI 기반 양자 시뮬레이션

AI는 양자컴퓨팅 시스템의 다차원적 복잡성을 딥러닝, 신경망, 기계 학습 등의 데이터 기반 모델로 바꾸어 실험 및 산업 현장의 초고차원 데이터 해석과 추론에 실제 사용할 수 있는 모델을 제시한다. AI 기반 양자 시뮬레이션은 실제 실험 또는 기존 시뮬레이션으로부터 수집된 데이터를 학습하여, 양자 시스템의 동작을 예측하고 재현하는 방식이다. 이러한 접근은 시스템의 정확한 해석적

수식 없이도 예측이 가능하다는 장점이 있다. 특히, 복잡한 상호작용을 포함하는 고체 물리계나 양자 유체계 등에서는 이 방식이 매우 효과적으로 사용된다. 데이터 기반 모델은 양자 상태의 분포, 전이 확률, 잡음 특성 등을 학습해 새로운 상태의 동작을 예측할 수 있다.

예를 들어, 딥러닝 기반 생성형 모델에 기반한 양자 변이형 오토인코더(quantum variational autoencoder, Q-VAE)나 양자 생성형 적대 신경망(quantum generative adversarial networks, Q-GAN)과 같은 모델을 사용하면, 특정 조건 하의 양자 상태를 모사하거나 새로운 상태를 생성하는 데 활용할 수 있다(Riaz et al., 2025; JackerLab, 2025). 이러한 양자 생성형 모델은 기존 방식으로는 생성이 어려운 얽힘 상태나 위상 상태를 효과적으로 재현할 수 있다는 점에서 주목을 받고 있다. 이와 같이 AI 기법은 양자 시뮬레이션을 단순한 수치 해석 문제에서, 데이터 중심의 패턴 인식 문제로 전환해 새로운 가능성을 열고 있다.

강화 학습(reinforcement learning, RL) 알고리즘은 에이전트가 환경과 상호작용을 하며 보상을 극대화하도록 학습하는 방법으로, 양자 시뮬레이션 최적화에도 활용되고 있다(Bolens & Heyl, 2020). 양자 시뮬레이션은 매우 많은 설정값과 변수에 따라 결과가 달라지기 때문에, 최적의 실험 조건을 찾는 데 강화 학습이 큰 도움을 준다. 예를 들면, 큐비트의 제어 펄스 형상을 최적화하거나, 양자 게이트의 오류율을 최소화하는 문제에 사용된다(Ruiz et al., 2024). 강화 학습의 학습 정책(learning policy 또는 value functions)을 위해 양자 신경망(quantum neural network, QNN)을 사용하는 알고리즘을 양자강화 학습(quantum RL, QRL)이라고 부른다(Chen, 2024). QRL은 양자 물리, 화학, 생명과학 시뮬레이션에서 최적의 정책 및 연산 경로를 도출하는 데 쓰이며, 시뮬레이션 경로 탐색, 게이트 수 최적화, 다단계 물리 현상 해석 등에서 기존 강화 학습보다 월등한 효율과 속도를 보인다.

AI 기반 양자 시뮬레이션 연구 분야 및 응용

AI는 현재 양자 시뮬레이션의 가장 큰 제약인 제한된 큐비트 수와 게이트 오류 문제를 극복하는 데 중요한 역할을 하고 있다. 예를 들어, 강화 학습을 활용한 연구에서는 제한된 수의 얽힘 게이트(단 3개 정도)만으로도 장거리 이징 체인(Ising chain)이나 슈윙거 모델(Schwinger model)과 같은 복잡한 양자 시스템을 시뮬레이션하는 최적 회로를 설계하는 데 성공했다(Nagano et al., 2023).

또한 기계 학습 모델은 잡음이 많은 양자 시뮬레이션 데이터에서도 양자 상전이를 분류하거나 특정 상태의 특성을 파악할 수 있어, 전통적인 계산 방식으로는 어렵던 분석을 가능하게 한다.

앞으로는 AI가 단순히 보조 도구를 넘어, 자율 최적화 양자 시뮬레이터로 발전할 전망이다. 예를 들어, 양자 합성곱 신경망(QCNN)은 시뮬레이션 과정에서 자동으로 특성을 학습하여 양자 상태 변화를 빠르게 파악할 수 있고, 강화 학습 기반 알고리즘은 하드웨어 잡음과 드리프트를 실시간으로 보정하는 데 활용될 수 있다. 이런 흐름이 성숙하면 AI는 양자 데이터에서 새로운 물리학적 현상을 발견하거나, 기존에 풀 수 없던 복잡한 다체 시스템 문제를 해결하는 데 기여할 수 있을 것이다.

산업 분야에서 이미 AI와 양자 시뮬레이션의 결합이 재료 과학, 반도체, 물류, 금융 등 다양한 영역에서 응용되고 있다. 예를 들어, 호주 연구팀은 QKAR(quantum kernel-aligned regressor)라는 양자 기계 학습(QML) 기법을 통해 질화갈륨(GaN) 화합물 반도체의 옴 접촉(Ohmic contact) 저항을 정확히 예측했다(Caddy, 2025). 이 문제는 실험 데이터가 소량이고 잡음이 많아 전통적 기계 학습이 잘 다루지 못했지만, QKAR는 양자 커널을 활용해 더 나은 예측을 달성했다. 또한 스페인의 양자컴퓨팅 소프트웨어 회사 멀티버스 컴퓨팅(Multiverse Computing)은 금융 리스크 분석, 공급망 최적화, 에너지 효율화 같은 산업 문제에 양자 영감 알고리즘(quantum-inspired algorithm)과 AI를 접목해, 고객이 복잡한 물리학이나 수학 지식 없이도 시뮬레이션 기반 의사 결정을 할 수 있도록 지원한다(Wikipedia, 2025).

미래에는 이러한 응용이 더 고도화되어 디지털 트윈(digital twin) 기술, 신약 개발(drug discovery), 차세대 배터리 설계 같은 고부가가치 영역에서 본격적으로 도입될 가능성이 크다. 예를 들면 제약 분야에서는 양자 시뮬레이션이 분자 수준의 상호작용을 계산하고, AI가 이를 분석해 유망한 후보 물질을 빠르게 선별할 수 있다. 재료 과학에서는 AI가 양자 화학 시뮬레이션 데이터를 기반으로 전도성, 안정성, 화학 반응성을 빠르게 평가해 신소재 탐색 속도를 획기적으로 높일 수 있다. 이렇게 되면 AI 기반 양자 시뮬레이션은 단순한 연구 도구를 넘어, 산업 혁신을 가속하는 핵심 기술로 자리 잡을 것이다.

참고문헌

김은영(2025.3.17). “양자 컴퓨터, 초고전적 계산으로 양자 시뮬레이션 한계 돌파… D-웨이브 연구 결과 공개”. AI Matters. https://aimatters.co.kr/news-report/ai-report/17020/

이창협 외(2025.6.11). “양자 시뮬레이션의 기초”. 물리학과 첨단기술. https://webzine.kps.or.kr/?p=5_view&idx=17114

JackerLab(2025.4.29). “QGAN(Quantum Generative Adversarial Network)”. https://itpe.jackerlab.com/entry/QGAN-Quantum-Generative-Adversarial-Network#google_vignette

Qisk(2022.1.4). “양자 시뮬레이션 (Quantum Simulation)”. https://wiki.qisk.or.kr/%EC%96%91%EC%9E%90_%EC%8B%9C%EB%AE%AC%EB%A0%88%EC%9D%B4%EC%85%98_(Quantum_Simulation

Bolens, A. & Heyl, M.(2020.6.29). Reinforcement Learning for Digital Quantum Simulation. arXiv preprint. https://arxiv.org/abs/2006.16269

Caddy, B.(2025.7.29). Scientists use quantum machine learning to create semiconductors for the first time – and it could transform how chips are made. Live Science. https://www.livescience.com/technology/computing/scientists-use-quantum-machine-learning-to-create-semiconductors-for-the-first-time-and-it-could-transform-how-chips-are-made

Chen, S. Y.-C.(2024.9.9). An Introduction to Quantum Reinforcement Learning (QRL). arXiv preprint. https://arxiv.org/abs/2409.05846

King, A. D. et al.(2025). Beyond-classical computation in quantum simulation. *Science, 388*(6743), pp.199~204.

https://www.science.org/stoken/author-tokens/ST-2490/full

Nagano, L. et al.(2023). Quantum data learning for quantum simulations in high-energy physics. *Phys. Rev. Research, 5*, 043250. https://journals.aps.org/prresearch/abstract/10.1103/PhysRevResearch.5.043250

Resonance(2024.9.16). Quantum Simulation Explained: The Next Big Thing in Advanced Computing. Quantum Insider. https://thequantuminsider.com/2024/07/25/quantum-simulation-explained-the-next-big-thing-in-advanced-computing/

Riaz, F. et al.(2025.3.6). Quantum Down Sampling Filter for Variational Auto-encoder. arXiv preprint. https://arxiv.org/abs/2501.06259

Ruiz, F. et al.(2025.3.20). Quantum circuit optimization with AlphaTensor. *Nature Machine Intelligence, 7*, pp.374~385. https://www.nature.com/articles/s42256-025-01001-1

Wikipedia(2025.9.1). Multiverse Computing. https://en.wikipedia.org/wiki/Multiverse_Computing

06
하이브리드 양자-고전 컴퓨팅

하이브리드 양자-고전 컴퓨팅은 양자컴퓨터의 병렬 연산과 고전 컴퓨터의 신속한 제어 및 최적화 능력을 결합해, 서로의 한계를 뛰어넘어 복잡한 문제에 현실적이고 혁신적인 해답을 제시한다. 이러한 협업 구조는 단기적 대안이 아니라, 앞으로 신약 개발, 에너지, 금융 등 여러 분야에서 경쟁이 아닌 조화로 컴퓨팅 패러다임을 재정의할 진화 방식으로 자리매김할 것이다.

AI와 민주주의?

하이브리드 컴퓨팅의 개념과 구조

양자컴퓨터는 엄청난 계산 잠재력을 가지고 있지만, 현재의 양자 하드웨어는 기술적 한계와 잡음 문제로 인해 실용적 활용이 제한적이다. 특히, 양자 회로의 실행은 매우 민감하며 오류율이 높고, 유지할 수 있는 큐비트의 수 또한 제한적이다. 이러한 현실적 한계를 보완하기 위해, 양자컴퓨터는 필연적으로 고전 컴퓨터와의 협력이 필요하다.

대부분의 양자 알고리즘은 전처리와 후처리 과정에서 고전 컴퓨터의 계산을 활용하며, 양자 알고리즘의 파라미터 조정, 측정 결과 분석, 실시간 제어 등 여러 핵심 절차가 고전 컴퓨터 시스템에서 수행된다. 이처럼 양자컴퓨터와 고전 컴퓨터는 분리된 존재가 아니라, 실제로는 양자 프로세서(quantum processor) 또는 양자 처리 장치(quantum processing unit, QPU)를 중심으로 한 하이브리드 시스템 내에서 함께 작동한다(Merritt, 2022).

현실적으로 오늘날 우리가 구축할 수 있는 대부분의 양자컴퓨터는 독립적으로 동작할 수 없고, 제어를 담당하는 고전 컴퓨터 시스템과 긴밀하게 통합되어 있다. 예를 들어 IBM의 초전도 양자컴퓨터는 필드 프로그래머블 게이트어레이(field programmable gate array, FPGA)라

불리는 프로그래밍이 가능하도록 설계된 다목적 유형의 집적회로 반도체를 제어기로 사용하여 큐비트를 제어하며, 구글의 Sycamore 양자 프로세서 또한 고전 컴퓨터를 이용한 신호 처리 장치와 밀접하게 연동된다. 양자 프로세서는 고전 컴퓨터 시스템의 명령을 받아 회로를 구성하고 측정 결과를 반환하며, 고전 컴퓨터 시스템은 이 결과를 바탕으로 다음 연산을 조정하거나 전체 알고리즘을 업데이트한다. 결국 양자컴퓨팅의 현재와 미래는 고전 컴퓨팅과의 조화를 전제로 하며, 이 통합 구조는 양자 AI 구현에 가장 현실적인 기반이 된다.

현재 우리가 활용할 수 있는 양자 하드웨어는 니스크(noisy intermediate-scale quantum, NISQ)라 불리는 잡음이 있는 중간 규모 양자 시스템에 해당한다. NISQ 시스템은 수십에서 수백 개의 큐비트를 가질 수 있지만, 오류가 없는 계산은 불가능하며, 게이트 수가 많아질수록 오류가 누적되는 한계를 가진다. 따라서 NISQ 시스템에서 유효한 계산을 수행하기 위해서는 고전 컴퓨터 연산과의 협력을 전제로 한 알고리즘 설계가 필수적이다. 이러한 요구로 인해 등장한 것이 바로 하이브리드 알고리즘이다. 대표적으로 변분 양자 고윳값 계산기(variational quantum eigensolver, VQE)나 양자 근사 최적화 알고리즘(quantum approximate optimization algorithm, QAOA)은 고전 최적화 알고리즘과 양자 서브루틴이 서로 반복적으로 작동하는 구조로 설계되어 있다(김한영, 2021).

하이브리드 양자-고전 컴퓨팅 전략은 단지 기술적 한계를 보완하는 차원을 넘어, 양자컴퓨팅의 성능을 실용적으로 끌어올리는 핵심 방법론으로 자리를 잡고 있다. VQE의 경우, 분자의 바닥상태 에너지 계산을 위해 양자 회로로 파라미터화된 상태를 생성하고, 고전 알고리즘이 그 상태를 반복적으로 최적화함으로써 점점 정확한 에너지를 도출해 낸다. 이러한 방식은 NISQ 하드웨어에서 실행할 수 있으면서도 양자 우위를 실현할 가능성을 열어주었고, 현재 화학, 물리, 재료 과학, 금융 분야 등 다양한 실험적 시도에 적용되고 있다. 하이브리드 컴퓨팅은 단기적 실현 가능성과 장기적 확장성 모두를 고려한 현실적 전략이며, 양자 AI가 당장 적용될 수 있는 가장 실용적인 경로로 주목받고 있다.

하드웨어 아키텍처와 소프트웨어 통합

하이브리드 양자 시스템에서 가장 핵심적인 구조는 고전 프로세서(CPU)와 양자 프로세서(QPU) 간의 실시간

통신 메커니즘이다. 양자 회로의 실행은 CPU 명령어의 해석으로부터 시작되며, 이를 바탕으로 큐비트 상태를 제어하는 전자 신호가 생성된다. 이 과정은 보통 필드 프로그래머블 게이트어레이(FPGA) 또는 주문형 반도체(application-specific integrated circuit, ASIC) 기반의 고속 제어 하드웨어에서 수행되며, 이 장치는 나노초 수준의 정확도로 큐비트에 펄스를 인가한다. 연산이 끝난 후 큐비트의 측정 결과는 다시 고전 컴퓨터로 전달되며, 고전 컴퓨터는 이 정보를 분석하여 다음 회로 구성이나 최적화에 반영한다. 이처럼 양자 연산은 전적으로 고전 컴퓨터 장치의 인터페이스와 통합된 형태로 실행된다(이병구, 2025).

하이브리드 양자-고전 컴퓨팅 구조를 구현할 수 있는 대표적인 소프트웨어 프레임워크는 IBM의 키스킷(Qiskit), 구글의 서크(Cirq), 아마존의 브래킷(Braket), 마이크로소프트의 애저 퀀텀(Azure Quantum) 등이 있다. Qiskit은 파이선(Python) 기반의 소프트웨어 개발 키트(software development kit, SDK)로, 양자 회로 설계, 시뮬레이션, 최적화, 그리고 실제 하드웨어 실행까지 가능한 통합 도구다(Qiskit Team, 2025). Cirq는 구글이 개발한 양자 회로 구성용 오픈소스 프레임워크로,

구글의 Sycamore와 같은 하드웨어에 최적화되어 있다(Wikipedia, 2024). Braket은 다양한 양자 하드웨어 업체의 장치를 클라우드에서 호출할 수 있는 플랫폼을 제공하며, 실험적 알고리즘 구현에 유연성을 갖춘 점이 특징이다(AWS, 2025). Azure Quantum은 마이크로소프트의 Q샤프(Q#) 언어를 중심으로 구성되며, NET 및 Python 환경과도 잘 통합되어 있다(Microsoft, 2025).

이러한 소프트웨어 플랫폼들은 기존 최적화 알고리즘과 양자 회로 실행을 하이브리드 형태로 설계할 수 있게 해 주며, 이를 통해 VQE, QAOA, 양자 기계 학습(QML) 등의 알고리즘을 직접 실행할 수 있다. 이 플랫폼들은 하이브리드 양자 알고리즘을 쉽게 프로그래밍하고 실험할 수 있는 기반을 제공하며, 양자 AI 연구의 실용적인 시험대 역할을 하고 있다.

양자 AI 구현을 위한 하이브리드 알고리즘

양자 알고리즘 중에서 가장 널리 알려진 하이브리드 구조는 VQE와 QAOA다. 두 알고리즘은 공통으로 양자 회로가 생성한 상태를 고전 알고리즘이 최적화하는 구조를 따른다. 예를 들어, VQE의 경우 분자 구조의 바닥상태 에너지를 계산하기 위해 양자 회로는 파라미터화된 양자 상태를 생성하고, 이 상태의 기대값(에너지)을 측정한 후 고전 최적화 알고리즘이 그 파라미터를 업데이트한다. 이 과정은 수십, 수백 회 이상 반복되며 양자 회로는 측정을, 고전 프로세서(CPU)는 학습을 담당하게 된다. 이로써 양자 프로세서(QPU)의 양자 중첩과 고전 프로세서의 계산 안정성을 결합하는 실용적 계산 방식이 완성된다(Peruzzo et al., 2014).

QAOA는 NP-난해 문제를 근사적으로 해결하는 데 초점을 맞춘 알고리즘으로, 그래프 컷(graph cut) 문제나 스케줄링 문제, 물류 최적화 등에 활용된다. 이 알고리즘 역시 양자 회로는 비용 함수를 최소화하는 상태를 생성하고, 고전 알고리즘은 해당 파라미터를 반복적으로 조율하는 방식으로 동작한다(Farhi et al., 2014). QAOA는 NISQ 장비에서도 실행할 수 있으며, 이론적으로는 고전 근사 알고리즘보다 우수한 결과를 낼 수 있음이 입증된 바 있다. 특히 QAOA의 경우, 문제에 따라 파라미터 초깃값이 결과에 매우 민감하므로, 기계 학습 기반의 초기화 전략과도 잘 결합된다. VQE와 QAOA는 현재 하이브리드 알고리즘의 대표 격으로 자리 잡았으며, Qiskit, Cirq 등 여러 클라우드 플랫폼을 통해 사용자가 직접 실험할 수 있도록 공개되어 있다.

하이브리드 양자 AI에서는 기계 학습 알고리즘이 양자 회로를 훈련하는 구조가 자주 등장한다. 이러한 구조는 파라미터화된 양자 회로(parametrized quantum circuit, PQC)를 중심으로 구성되며, 양자 회로는 입력 데이터에 기반한 상태를 출력하고, 이 출력을 측정한 결과로부터 손실 함수를 계산하여 고전 알고리즘이 파라미터를 조정한다. 이 과정은 기존의 딥러닝에서 신경망 가중치를 업데이트하는 방식과 매우 유사하다. 고전 프로세서는 SPSA(simultaneous perturbation stochastic approximation), Adam(adaptive moment estimation) 등의 최적화기(optimizer)를 활용하여 양자 회로의 파라미터를 반복적으로 업데이트하며, 그 결과로 양자 회로는 주어진 데이터에 점점 더 적합한 상태를 생성하게 된다. 이러한 프레임워크는 특히 분류(classification), 회귀(regression), 생성형 모델(generative models) 등에서 실험적으로 활용되고 있다.

하이브리드 학습 프레임워크는 고전 프로세서(CPU)의 대용량 데이터 처리 및 학습 파이프라인과 양자 프로세서(QPU)의 비선형 최적화 및 병렬 연산 능력을 효과적으로 결합한다. 최근 다양한 플랫폼에서 하이브리드 학습 프레임워크가 구현되고 있으며, Qiskit Machine

Learning, PennyLane, TensorFlow Quantum 등이 대표적 사례다.

실용 사례와 한계

하이브리드 양자-고전 컴퓨팅은 아직 초기 단계에 있지만 금융, 물류, 제조, 에너지, 제약 산업 등에서 실질적인 실험이 활발하게 이루어지고 있다(김승철 · 안정효, 2025). 대표적인 예로 JP모건 체이스(JPMorgan Chase & Co.)는 IBM과 협력하여 양자 알고리즘을 금융 모델에 적용하는 연구를 진행 중이다. 또한 폭스바겐(Volkswagen)은 양자컴퓨터를 활용한 차량 배치 최적화 및 교통 흐름 예측 실험을 디웨이브(D-Wave)와 함께 수행했다. 이 프로젝트에서는 교통 데이터와 수요 예측을 기반으로, 양자 강화 학습(QRL)을 통해 배차 문제를 해결하고 있다. 이러한 사례들은 양자 알고리즘이 실제 산업 현장에 적용할 수 있는 가능성을 보여 준다.

학계와 스타트업 중심의 실험적 시도도 꾸준히 이루어지고 있으며, 특히 양자 기계 학습(QML) 모델의 하이브리드 적용 사례가 눈에 띈다. 2017년 하버드대학교에서 연구하던 양자컴퓨팅 전문가들이 설립한 자파타 AI(Zapata AI)는 오케스트라(Orquestra) 플랫폼을 통해 기계 학습과 최적화 문제에 하이브리드 양자-고전 모델을 도입했다(Russel, 2022). 예를 들어, 화학 분자의 구조 예측, 분자 스펙트럼 분석 등에서 VQE 및 양자 커널 방법을 고전 기계 학습과 접목하여 정확도를 높이는 실험이 진행됐다. 이 모델들은 대부분 '사전 처리 → 양자 모델 예측 → 후처리 및 학습 평가' 구조로 구성되며, 하이브리드 시스템이 AI 단독 시스템보다 더 나은 결과를 도출한 경우도 다수 보고됐다.

하이브리드 양자-고전 컴퓨팅의 실현 가능성은 매우 크지만, 아직 극복해야 할 기술적 장벽과 물리적 제약도 뚜렷하다. 가장 근본적인 문제는 양자 하드웨어의 안정성이다. 현재 사용 가능한 대부분의 양자컴퓨터는 NISQ 기기로 분류되며, 큐비트 수가 수십 개 수준에 머물고 있고, 큐비트가 외부 환경의 간섭으로 인해 양자 상태를 잃을 수 있는 디코히런스(decoherence) 시간과 게이트 오류율이 높아 연산을 장시간 유지하기 어렵다. 양자 프로세서가 처리하는 정보는 양자 역학의 특성인 중첩과 얽힘에 기반하므로, 미세한 외부 잡음에도 매우 민감하며, 이에 따라 연산 정확도가 쉽게 손상된다. 고전 프로세서와의 상호작용 과정에서도 인터페이스 속도와 동기화 문제가 발생할 수 있으며, 이는 전체 시스템의 계산 효율성에 영향을 미친다.

또한 소프트웨어 계층에서도 어려움이 존재한다. 현재 대부분의 하이브리드 알고리즘은 매우 제약된 문제 설정 하에서만 동작하며, 범용성이 낮다. 예를 들어 VQE나 QAOA는 이론적으로 우수하지만, 문제에 따라 성능이 불안정하거나 고전 알고리즘보다 수렴 속도(rate of convergence)가 느린 경우도 있다. 파라미터 최적화 과정도 고전 최적화기에 크게 의존하며, 이때 발생하는 기울기 소실(barren plateaus 또는 vanishing gradients) 현상은 학습 안정성을 저해한다. 또한 양자 회로에서 연속적으로 수행되는 양자 게이트 연산 횟수가 증가함에 따라 회로 깊이가 커지면 디코히런스 위험도 증가하고, 이를 보정하기 위한 오류 수정 알고리즘은 큐비트 자원을 많이 소모하게 된다. 따라서 하이브리드 양자-고전 시스템은 아직 실험적 성격이 강하며, 완전한 상용화를 위한 지속적인 기술 개선이 요구된다.

그러나 미래에는 고전 프로세서와 양자 프로세서가 네트워크상에서 동적으로 연결되어, 클라우드 기반 분산 양자 AI 시스템이 구현될 가능성도 있다. 이처럼 양자 AI는 단순한 성능 향상을 넘어, AI 시스템의 새로운 패러다임을 개척할 기술적 전환점이 될 수 있다. 결국, 하이브리드 형태의 양자-고전 시스템의 협업은 기술적 융합의 종착점이 아니라 시작점이며, 향후 수십 년에 걸쳐 정보 처리, 데이터 과학, 기계 지능의 본질을 재정의할 잠재력을 갖고 있다.

참고문헌

김승철·안정효(2025). "큐비트의 마법, 상상을 계산하는 양자컴퓨터 혁명". 삼일PwC경영연구원.
https://www.pwc.com/kr/ko/insights/issue-brief/samilpwc_issue_brief_quantum_computer.pdf

김한영(2021.2.9). "NISQ 시대의 양자 컴퓨터". Horizon.
https://horizon.kias.re.kr/16769/

이병구(2025.9.19). "고전 컴퓨터에 양자컴 결합해 신소재 특성 계산 정확도 높였다". 동아사이언스.
https://www.dongascience.com/news.php?idx=74133

AWS(2025). Amazon Braket.
https://aws.amazon.com/ko/braket/

Farhi, E. et al.(2014.11.14). A Quantum Approximate Optimization Algorithm. arXiv preprint.
https://arxiv.org/abs/1411.4028

Merritt, R.(2022.9.21). "QPU란?". NVIDIA.
https://developer.nvidia.com/ko-kr/blog/qpu%eb%9e%80-%eb%ac%b4%ec%97%87%ec%9d%b8%ea%b0%80%ec%9a%94/

Microsoft(2025). Azure Quantum.
https://azure.microsoft.com/en-us/solutions/quantum-co

mputing

Peruzzo, A. et al.(2014.7.23). A variational eigenvalue solver on a photonic quantum processor. *Nature Communications, 5*, 4213. https://www.nature.com/articles/ncomms5213

Qiskit Team(2025.7.2). Release News: Qiskit SDK v2.1 is here!. IBM Quantum Research Blog. https://www.ibm.com/quantum/blog/qiskit-2-1-release-summary

Russel, J.(2022.7.28). Zapata's Orquestra Targets the Hybrid Quantum-Classical Challenge. HPCwire. https://www.hpcwire.com/2022/07/28/zapatas-orquestra-targets-the-hybrid-quantum-classical-challenge/

Wikipedia(2024.11.16). Cirq. https://en.wikipedia.org/wiki/Cirq

07
양자 AI를 위한 소프트웨어와 플랫폼

양자 AI의 잠재력은 오픈소스 도구와 클라우드 플랫폼이라는 현실적인 기술 생태계 안에서 빠르게 실현되고 있다. 양자 AI 소프트웨어는 클라우드에서 Qiskit, Cirq, PennyLane, TensorFlow Quantum 등과 함께 초고속 분산 실험과 AI 모델을 자유롭게 연결하는 데이터 시대의 새로운 표준으로 떠오르고 있다. 이제 추상적인 개념이 아닌, 실제 코드와 하드웨어를 통해 '양자 AI' 시대의 문을 열어갈 수 있을 것이다.

AI와 애니메이션?

양자 AI 소프트웨어의 필요성과 진화

양자 AI의 구현은 단순히 하드웨어에 의존하는 것이 아니라 회로 구성, 실행, 측정, 그리고 결과 해석을 가능하게 하는 전용 소프트웨어 인프라에 의해 실현된다. 양자 컴퓨팅은 큐비트, 중첩, 얽힘 등 직관과는 다른 개념들로 구성되므로, 이를 추상화하고 다룰 수 있는 고수준 애플리케이션 프로그래밍 인터페이스(application programming interface, API)가 필수적이다. 따라서 개발자는 물리적 양자 하드웨어에 직접 접근하지 않고도 Python 등의 프로그래밍 언어를 통해 양자 알고리즘을 설계하고 실행할 수 있다.

양자 소프트웨어 생태계는 초기에는 단순한 양자 회로 시뮬레이터 수준에 머물렀으나 최근에는 기계 학습, 최적화, 양자 화학, 재료 과학에 적용 등 다양한 분야를 포괄하는 형태로 빠르게 진화하고 있다. 대표적인 소프트웨어로 IBM의 키스킷(Qiskit)과 구글의 서크(Cirq)가 있다.

양자 AI를 위한 소프트웨어 프레임워크는 재너두(Xanadu)의 페니레인(PennyLane)과 구글의 텐서플로 퀀텀(TensorFlow Quantum)이 있다. PennyLane은 양자 회로의 자동 미분을 가능하게 하는 독창적 구조로 되어 있어, 기존 AI 응용 개발을 위한 오픈소스 프레임워크인 PyTorch나 TensorFlow와의 하이브리드 학습이 가능하다. TensorFlow Quantum은 양자 회로를 TensorFlow의 그래프 연산 흐름에 통합할 수 있도록 설계되었다.

또한 아마존의 Braket, 마이크로소프트의 Azure Quantum 등 클라우드 기반의 양자 개발 플랫폼도 등장하면서, 개발자와 연구자는 하드웨어에 상관없이 소프트웨어 중심의 양자 AI 모델 개발이 가능해지고 있다.

양자컴퓨팅 프레임워크: Qiskit과 Cirq

Qiskit은 IBM에서 개발한 오픈소스 양자컴퓨팅 프레임워크로, Python 기반으로 작성되어 있으며 양자 알고리즘을 손쉽게 설계하고 실행할 수 있도록 다양한 모듈을 제공한다(Qiskit, 2025). Qiskit은 크게 네 가지 핵심 컴포넌트로 구성되어 있다. 즉, Terra(회로 설계와 최적화), Aer(시뮬레이션 엔진), Ignis(오류 보정과 측정) 그리고 Aqua(양자 알고리즘 라이브러리)다. 특히 Qiskit Machine Learning 모듈은 양자 회로 기반의 분류기와 회귀 모델 등을 제공하며, 양자 회로를 Python 언어를 위한 오픈소스 기계 학습 라이브러리 사이킷런(scikit-learn)과 유사한 방식으로 구성할 수 있게 해 준다.

Qiskit의 큰 장점 중 하나는 IBM Quantum Experience라는 클라우드 기반 하드웨어 접근 플랫폼과의 통합이다. 사용자는 IBM이 공개한 양자 프로세서에 직접 접근하여 실험적으로 회로를 실행할 수 있으며, Jupyter Notebook 기반의 Qiskit 환경을 통해 시뮬레이션과 실제 실행을 번갈아 실험할 수 있다. 또한 활발한 커뮤니티와 풍부한 문서를 통해 입문자부터 전문가까지 양자 알고리즘을 실용적으로 구현하기에 적합하다.

Cirq는 구글에서 개발한 프레임워크로 하드웨어 중심의 회로 설계와 양자 제어 실험에 중점을 두고 있다(Cirq, 2025). Cirq는 Sycamore 프로세서와 같은 구글의 양자 하드웨어와 밀접하게 연동되도록 설계되었으며, 사용자는 실제 하드웨어에서 실험할 수 있는 양자 회로를 미세하게 조정할 수 있다. 다른 프레임워크와 달리, Cirq는 회로의 세부적인 게이트 구성과 타이밍, 디코히런스 모델링 등 저수준 요소에 대한 통제력이 크다는 점에서 고급 사용자에게 특히 유리하다.

또한 Cirq는 TensorFlow Quantum(TFQ)과의 자연스러운 통합을 지원한다. TFQ는 Cirq로 설계한 양자 회로를 TensorFlow 기반 딥러닝 모델과 통합하여, 하이브리드 양자-고전 신경망을 구축할 수 있게 해 준다. 이를 통해, 양자 회로를 신경망의 한 계층으로 취급하거나, 양자 회로를 통해 입력 데이터를 양자적으로 임베딩하는 방식의 연구가 가능하다. 이러한 통합 기능은 특히 양자 강화 학습, 양자 생성형 모델 등 최신 양자 AI 응용 연구에서 주로 활용되고 있다.

양자 기계 학습을 위한 도구

PennyLane은 Xanadu에서 개발한 오픈소스 소프트웨어로, 양자 회로의 자동 미분 기능을 세계 최초로 구현한 프레임워크다(PennyLane, 2025). 이 기능은 딥러닝의 학습 메커니즘을 양자 회로에도 적용할 수 있게 함으로써 양자 신경망의 학습 효율성을 획기적으로 개선했다. PennyLane은 QNode라는 개념을 사용하여 양자 회로를 신경망과 유사하게 정의하고 실행할 수 있다. 개발자들은 PyTorch, TensorFlow, JAX 등 익숙한 프레임워크와 결합하여 하이브리드 모델을 구축할 수 있다.

TFQ는 딥러닝 모델이 양자 회로를 하나의 계층처럼 포함할 수 있게 만들어, 하이브리드 양자-고전 신경망의 공동 학습이 가능하다는 점에서 큰 의미를 갖는다(TFQ, 2025). TFQ는 내부적으로 Cirq를 백엔드로 사용하여 회로를 정의하며, 이를 TensorFlow와 연동해 자동 미분 및 모델 학습을 가능하게 한다.

실제로 TFQ는 양자 분류(quantum classification), 생성형 모델, 강화 학습의 정책 네트워크 등의 실험에 사용되고 있다. 예를 들어, 입력 데이터를 양자 상태로 임베딩한 후, 이를 기반으로 하는 회로 출력이 신경망의 입력으로 전달되는 구조는 TFQ의 대표적인 패턴이다. 또한 양자 회로의 파라미터를 학습할 수 있기 때문에 단순한 시뮬레이션을 넘어서 실질적인 최적화가 가능하며, 이러한 접근법은 양자 회로 탐색에도 활용되고 있다.

하드웨어 연동과 클라우드 플랫폼

양자컴퓨팅의 발전 속도는 빠르지만, 일반 연구자나 개발자가 양자 하드웨어에 직접 접근하기는 여전히 어렵다. 이를 해결하기 위해 주요 기업들은 클라우드 기반 양자컴퓨팅 플랫폼을 제공하고 있다. 이러한 플랫폼은 물리적 양자 하드웨어를 인터넷을 통해 원격으로 사용할 수 있도록 하며 시뮬레이션 기능, 작업 큐 관리, 회로 실행 기록 등 종합적인 개발 환경을 함께 제공한다. 특히 Qiskit, Cirq, PennyLane 등 주요 프레임워크는 이러한 클라우드 백엔드와의 연동을 기본적으로 지원하여 양자 AI 실험을 훨씬 현실적으로 만들어 준다.

대표적인 플랫폼으로는 IBM Quantum Platform (IBM, 2025), Amazon Braket(AWS, 2025), Microsoft Azure Quantum(Microsoft, 2025), Google Quantum AI(QuantumAI, 2025), Xanadu Cloud(Xanadu, 2025) 등이 있다. 이들 플랫폼은 각각 다른 초전도, 이온트랩, 광자 기반 등의 큐비트에 기반한 하드웨어를 제공하며, 사용자는 원하는 하드웨어에 맞춰 회로를 설계하고 실행할 수 있다. 대부분의 플랫폼은 Python API를 제공하여 로컬 개발 환경에서도 회로를 작성한 뒤 원격 실행하는 워크플로를 구현할 수 있다.

오픈소스 커뮤니티와 개발 생태계

양자 AI 분야에서 오픈소스 소프트웨어는 기술 진보의 핵심 엔진이다. 소수의 대형 기업만이 접근할 수 있는 양자 하드웨어 환경 속에서, 더 많은 개발자와 연구자들이 가상 환경 또는 클라우드 기반 환경에서 기술을 실험하고 검증할 수 있도록 만들어 주는 기반을 제공한다. Qiskit, Cirq, PennyLane, TFQ와 같은 프로젝트는 모두 오픈소스로 개발되고 있으며, GitHub 등의 플랫폼을 통해 활발하게 운영되고 있다. 이처럼 오픈소스는 단순한 도구를 넘어서, 전 세계 개발자들과 과학자들이 협업하며 양자 AI 기술을 빠르게 진화시켜 나가는 핵심 채널 역할을 담당하고 있다.

예를 들면, Cirq는 TFQ와 결합해 양자 회로와 딥러닝 네트워크의 통합을 지원하며, PennyLane은 다양한 하드웨어를 연결할 수 있는 추상 계층을 제공한다. 이러한 인터페이스 중심의 설계는 생태계 구성원들이 각자의 기술력을 보완하며 전체 시스템을 공동으로 구축할 수 있도록 돕는다.

이뿐만 아니라 Xanadu가 주최하는 QHack(quantum machine learning hackathon)이나 IBM Quantum Challenge 같은 커뮤니티 중심 이벤트도 중요한 역할을 한다. 이러한 이벤트는 참가자들이 실질적인 문제를 해결하여 소스 코드를 제출하고, 서로의 알고리즘을 리뷰하며 발전시키는 과정을 장려한다. 이러한 경험은 양자 AI 생태계의 공동 창작자로 성장할 기회를 제공한다. 또한 기업 주도의 기여를 넘어서 대학교, 스타트업뿐만 아니라 개인 개발자들까지 모두 한자리에 모여 새로운 알고리즘이나 도구를 제안하는 탈중앙적 기술 생태계가 형성되고 있다는 점도 주목할 만하다.

참고문헌

AWS(2025). Amazon Braket. https://aws.amazon.com/ko/braket/

Cirq(2025). Google Cirq. https://quantumai.google/cirq

IBM(2025). IBM Quantum Platform. https://quantum.cloud.ibm.com/

Microsoft(2025). Azure Quantum. https://azure.microsoft.com/en-us/solutions/quantum-computing

PennyLane(2025). PennyLane. https://pennylane.ai/

Qiskit(2025). IBM Qiskit. https://www.ibm.com/quantum/qiskit

QuantumAI(2025). Google Quantum AI. https://quantumai.google/

TFQ(2025). TensorFlow Quantum. https://www.tensorflow.org/quantum?hl=ko

Xanadu(2025). Xanadu Cloud. https://cloud.xanadu.ai

08
양자 AI의 산업 응용

“양자컴퓨팅과 AI는 별개가 아닌 필수적 동반자 관계”다. 양자 AI는 금융, 물류, 제약, 에너지 분야 등 산업 전반에서 복잡한 문제 해결하고, 최적화와 예측 고도화를 가능케 해 기존 기술로 접근이 어려웠던 영역에서 실질적인 성과를 만들어 내고 있다.

AI와 인재 채용?

산업 혁신의 새로운 엔진

양자컴퓨팅 분야 선도 기업 IBM은 "양자컴퓨팅과 AI는 별개가 아닌 필수적 동반자 관계"라는 확고한 철학을 갖고 있다. IBM의 최고경영자 아빈드 크리슈나(Arvind Krishna)는 'SWSW 2025' 콘퍼런스 기조연설에서 "AI와 양자가 곧 미래" 그리고 "세계가 직면한 가장 어려운 문제 중 일부는 양자컴퓨터와 AI 시스템의 장점을 결합한 미래 시스템의 도움을 받을 것"이라고 언급했다(장은지, 2025).

양자 AI는 고전 컴퓨팅이 해결하기 어려웠던 고차원적 문제들을 다룰 수 있는 잠재력을 지닌 기술 융합 영역이다. 현재 AI는 대규모 데이터의 학습과 추론 속도는 CPU, GPU 등 고전 컴퓨터의 연산 규모 및 성능에 달려 있다. 복잡도가 높은 최적화 문제나 분자 시뮬레이션처럼 계산량이 지수적으로 증가하는 영역에서는 그 한계에 직면했다. 반면에, 양자컴퓨터는 양자 역학에 기반한 중첩과 얽힘 특성을 이용해 동시에 여러 상태를 계산할 수 있어, 특정 유형의 문제에서 지수적 계산 속도 향상을 기대할 수 있다.

양자 AI는 이러한 양자컴퓨팅의 장점을 기계 학습이나 딥러닝 알고리즘과 결합해 산업 현장에서 실질적인 이득을 얻는 데 초점을 맞춘다. 예를 들어, 금융 모델링, 신약 개발, 전력망 시뮬레이션, 물류 최적화 등에서는 수많은 변수와 시뮬레이션 경로를 고려해야 하므로 고전 컴퓨터 자원만으로는 충분하지 않다. 이러한 분야에서 양자 AI는 속도, 정밀도, 자원 효율성 측면에서 게임 체인저로 간주하며, 산업 전반의 혁신 엔진으로 부상하고 있다.

기술적 관점에서 볼 때 양자 AI가 다양한 산업 분야에서 주목받는 이유는 최근 수년 사이 양자 하드웨어와 소프트웨어의 급속한 발전 덕분이다. 글로벌 빅테크를 중심으로 양자컴퓨터 기술 경쟁이 본격화하면서 시장은 응용 소프트웨어와 클라우드 기반 서비스형 양자컴퓨팅 QCaaS(Quantum Computing as a Service)까지 빠르게 성장 중이다(권하영, 2025). 구글, IBM, IonQ, Rigetti 등 양자컴퓨팅을 선도하는 기업들이 사용할 수 있는 양자 프로세서를 클라우드 환경에서 제공하고 있으며, Qiskit, Cirq, PennyLane, TensorFlow Quantum과 같은 소프트웨어 프레임워크를 통해 AI 연구자들이 양자 시스템을 더 쉽게 실험하고 개발할 수 있게 되었다. 이러한 생태계의 확장은 기업과 연구 기관이 현실적인 양자 AI 프로젝트를 기획하고 추진할 수 있는 발판이 되고 있다.

또한 각국의 정부와 국제기관의 전략적 투자도 양자 AI의 산업 분야 도입에 영향을 미치고 있다. 예를 들어 유럽연합의 양자 플래그십(Quantum Flagship), 미국의 국가 양자 이티셔티브(National Quantum Initiative) 등이 대표적인 예다. 국내에서도 과학기술정보통신부를 중심으로 향후 10년을 내다보는 양자 종합 계획 수립, AI와 양자 기술의 융합 필요성에 대해 활발한 논의가 있을 것으로 예상된다(이채린, 2025).

금융·물류 분야: 최적화와 예측 고도화

금융 산업은 수십 년 전부터 수학적 모델링과 고성능 컴퓨팅을 기반으로 발전해 온 분야로, 양자 AI의 잠재력에 가장 먼저 관심을 두고 있는 영역 중 하나다. 특히 포트폴리오 최적화, 리스크 분석, 고빈도 거래 등은 복잡한 조합 최적화와 확률적 예측 능력이 핵심이기 때문에 양자컴퓨팅의 연산 우위가 실질적인 성능 향상을 가져올 수 있다. 양자 AI는 이 과정에서 고전적인 몬테카를로 시뮬레이션보다 빠른 양자 알고리즘을 통한 경로 탐색, 양자 회로 기반의 분류기 등을 활용하여 예측의 정확도와 속도를 개선한다.

대표적인 사례는 골드만삭스(Goldman Sachs)와 IBM

이 협업하여 양자컴퓨터를 활용한 파생 상품의 가격 책정 모델 개발이다(Malakian, 2021). JP모건 체이스는 옵션 가격 결정과 포트폴리오 최적화를 위한 양자 알고리즘을 개발했고, 씨티그룹(Citigroup)은 클라우드 양자 플랫폼을 활용해 신용평가 모델 고도화, 사기 탐지 모델 등을 개발했다. 또한 영국의 최대 금융 기업 HSBC는 금융사기 탐지율 향상, 가격 책정 및 담보 최적화 등 리스크 관리에 활용하고 있다(금융보안원, 2025). 이와 같이 해외 금융 회사는 전담 조직 구성, 전문 기업과 전략적 제휴 등 양자컴퓨팅을 단순히 지켜보는 단계가 아닌 전략적으로 투자하고 준비하는 'Quantum-Ready' 단계로 진입한 것으로 보인다.

물류와 교통 시스템도 수많은 변수를 동시에 고려해야 하는 복잡한 네트워크 최적화 문제의 대표 사례다. 예를 들면 수천 개의 물류 창고와 배송지를 연결하는 최적 경로를 찾거나, 실시간 교통 상황을 반영하여 일정을 재조정하는 문제는 NP-난해(NP-hard)로 분류된다. 이러한 문제의 최적해는 고전 컴퓨터 위에서 구할 때 많은 시간이 소요된다. 하지만 양자 AI는 이러한 문제에 대해 양자 어닐링(quantum annealing)이나 양자 볼츠만머신(quantum Boltzmann machines) 같은 구조를 활용하여

보다 빠른 탐색과 최적해를 찾을 수 있다(Sinno et al., 2025).

실제 사례로 DHL과 같은 물류 업계의 글로벌 리더도 양자 최적화 엔진을 실험적으로 도입해 복잡한 배송 루트 최적화 문제 해결에 적용 중이며, 이는 수천 개의 노드와 제약 조건을 가진 대규모 시스템에서도 현실적인 계산 속도를 확보할 수 있게 한다. 또한 Volkswagen이 D-Wave 시스템을 활용하여 도시 내 택시 경로 최적화를 실험한 프로젝트가 있다. Volkswagen은 북경 교통 데이터를 바탕으로 양자 알고리즘을 적용하여 실시간 경로 분산을 실현했는데, 이 프로젝트는 도심 정체 해소와 효율적 운행에 기여할 가능성을 보여주었다(Ivezic, 2023).

제약 및 에너지 분야: 시뮬레이션의 혁신

AI, 양자컴퓨터와 같은 최첨단 기술들이 의료 산업에서 활용되는 경우가 늘고 있다. 특히 신약 개발은 분자 수준의 정밀한 시뮬레이션이 필요한 분야로, 양자 AI의 가장 주목받는 응용 분야 중 하나다. 신약 개발은 일반적으로 수백만 개의 후보 물질을 탐색하고, 그중에서 극소수를 실험실에서 검증하는 과정을 거치는데, 이는 평균 10~15년이 소요되며 수십억 달러의 비용이 드는 고위험 고

비용 사업이다(김선아, 2025). 양자컴퓨터는 분자의 전자 구조를 직접 계산할 수 있는 능력을 바탕으로 화합물 간의 상호작용을 예측하는 정밀한 시뮬레이션을 수행할 수 있고, 여기에 AI 기반의 패턴 학습과 특성 분류 기술을 접목하면 신약 탐색 속도를 획기적으로 높일 수 있다.

AI 기반 신약 개발에 10년 이상 매진해 온 인실리코 메디슨(Insilico Medicine)은 토론토대학교와 협력하여 IBM의 양자컴퓨터와 자체 AI 플랫폼을 융합해 항암제 후보 물질 100만여 개를 생성한 후 생성형 AI를 통해 가장 유망한 후보 15개를 발굴했다(최지원, 2025). 화이자(Pfizer)도 매사추세츠공과대학교(MIT) 출신의 중국 과학자들이 설립한 엑스탈파이(XtalPi)라는 AI와 양자컴퓨팅 기반 신약 개발 스타트업과 함께 협업 중이다.

이런 흐름에 따라 구글, 마이크로소프트, 엔비디아 등 AI와 양자컴퓨터의 선두 기업인 빅테크들은 잇따라 글로벌 제약사와 함께 신약 개발에 나서고 있다. 구글 딥마인드는 단백질 설계용 AI 모델 알파프로테오(Alpha-Proteo)와 양자컴퓨터 칩 윌로(Willow)를 기반으로 신약 개발에 나섰다. 구글의 AI 기반 신약 개발 자회사인 아이소모픽랩스(Isomorphic Labs)는 일라이릴리(Eli Lilly)와 17억 4500만 달러 규모의 신약 발굴 파트너십도

체결했다(신창민, 2024). 마이크로소프트 또한 애저 AI(Azure AI)와 애저 퀀텀(Azure Quantum)을 기반으로 글로벌 헬스케어 기업 노보노디스크(Novo Nordisk)와 협업 중이다. 한편 엔비디아는 유전자 분석에 특화된 생성형 AI 모델 에보 2(Evo 2)를 발표했으며, 양자 시스템 사용을 위한 플랫폼 모델인 쿠다-Q(CUDA-Q)를 개발해 미국 생명공학 기업 모더나(Moderna)와 함께 연구에 착수했다(최지원, 2025).

태양광 패널, 배터리, 연료 전지 등 차세대 에너지 기술은 원자 단위에서 재료 특성을 이해하고 설계해야 한다. 기존 시뮬레이션 방식은 계산 시간이 지나치게 오래 걸리거나 정확도가 떨어질 수 있다. 에너지 산업에서도 양자 AI는 고차원 복잡계 시뮬레이션, 신소재 설계, 전력망 최적화 등에서 새로운 접근 방식을 제공함으로써 빠르게 핵심 동력으로 자리매김하고 있다.

엑슨모빌(ExxonMobil)과 미쓰비시화학(Mitsubishi Chemical)은 IBM과 협력하여 고전 컴퓨터로 해결하기 어려운 복잡한 계산 문제에 양자컴퓨팅을 적용하는 프로젝트를 진행 중이다(QAI, 2025). 엑슨모빌은 두 가지 목표를 갖고 있다. 즉, 에너지 자원 탐사 최적화와 화학 공정의 효율성 개선이다. 첫째는 액화 천연 가스(liquefied natural gas LNG) 선박의 운송 경로를 양자 알고리즘을 통해 개선함으로써 연소 소모 감소와 운영비 절감을 도모하는 것이다. 둘째는 이산화탄소 포집(carbon capture) 기술 등의 환경 기술을 개선하기 위해 더 정확한 예측 환경 모델링을 양자컴퓨팅으로 구축하려는 것이다. 양자컴퓨팅을 이용한 예측 환경 모델링은 탄소 배출을 줄이는 솔루션 설계에 도움이 되고, 복잡한 시스템 및 대규모 데이터 분석에서 정확도를 높일 수 있을 것으로 기대한다.

미쓰비시화학은 배터리 기술 혁신에 양자컴퓨팅을 적용한다. 특히, 리튬-공기(lithium-air) 배터리에 집중하고 있는데, 이는 에너지 밀도가 현재의 리튬-이온(lithium- ion) 배터리보다 높아서 전기자동차나 휴대용 전자기기 등의 활용에 유망하기 때문이다. 적용하는 기술은 변분 양자 고윳값 계산기(variational quantum eigensolver, VQE)로서 배터리 내부의 전기 화학 반응(electrochemical reactions)을 시뮬레이션하려고 한다. 이렇게 함으로써 배터리의 성능과 수명을 높이고 환경친화적 설계도 가능할 것으로 기대한다.

한편, 양자컴퓨팅 기업 아이온큐(IonQ)가 미국 오크리지국립연구소(Oak Ridge National Laboratory) 및 에너지부(U.S. Department of Energy)와 협력해 전력망 최적화 실증에 성공했다(최광현, 2025). 이번 성과는 양자컴퓨터와 고전 컴퓨터를 결합한 하이브리드 방식으로 실제 발전 운영 시스템에서 핵심 과제로 꼽히는 발전기별 운전 일정을 최적화해 전력 수요를 가장 낮은 비용으로 충족시키는 '유닛 커밋먼트(Unit Commitment)' 문제의 해결 가능성을 입증했다. 또한 전력망 최적화에서도 AI 기반 예측 모델과 양자 최적화 알고리즘을 결합해 수요 예측, 전력 분배, 탄소 배출 최소화 등에 적용하고 있다.

참고문헌

권하영(2025.6.21). "[IT백과] 양자컴퓨팅 시대 성큼… 클라우드 기반 'QCaaS'가 뜬다?". 디지털데일리. https://www.ddaily.co.kr/page/view/2025062010595055937

금융보안원(2025). "금융보안원, 금융권 양자컴퓨팅 활용 및 보안 관련 연구보고서 2종 배포". https://www.fsec.or.kr/bbs/detail?menuNo=69&bbsNo=11751

김선아(2025.9.16.). "AI, 신약 개발 패러다임 바꿔놔… 韓 강점 살린 집중적인 투자가 열쇠". 유니콘팩토리. https://www.unicornfactory.co.kr/article/2025091616423437851

신창민(2024.1.8). "구글 아이소모픽, 릴리와 "첫" AI신약발굴 "17억弗 딜"". 바이오스펙테이터.
https://www.biospectator.com/news/view/20755
이채린(2025.8.21). "10년간 양자산업 이끌 로드맵 수립 착수". 동아사이언스.
https://m.dongascience.com/news.php?idx=73560
장은지(2025.8.10). ""AI·양자컴퓨팅 결합이 미래다" … IBM이 신약 개발부터 뷰티까지? [테크챗]." 동아일보.
https://www.donga.com/news/It/article/all/20250801/132112654/1
최광현(2025.8.1). "아이온큐, 미국 에너지부와 양자전력망 최적화 실증 성공… 실전 문제 해결로 상용화 가능성 입증.". 양자신문.
https://www.quantumtimes.net/news/articleView.html?idxno=55316
최지원(2025.2.27). "신약 개발에 AI-양자기술 활용… 빅테크기업-제약사 손잡는다". 동아일보.
https://www.donga.com/news/Economy/article/all/20250226/131112025/2
Ivezic, M.(2023.6.10). Quantum Technology Use Cases in Supply Chain & Logistics. PostQuantum.
https://postquantum.com/quantum-computing/use-cases-logistics/
Malakian, A.(2021.1.7). Goldman Sachs, IBM Lay Out Quantum Project for Derivatives Pricing. WatersTechnology.
https://www.waterstechnology.com/technology/7729401/goldman-sachs-ibm-lay-out-quantum-project-for-derivative-pricing
QAI(2025). ExxonMobil and Mitsubishi Chemical: Leveraging Quantum Computing for Industry Advancement. Quantum

Algorithms Institute.
https://www.qai.ca/resource-library/exxonmobil-and-mitsubishi-chemical-leveraging-quantum-computing-for-industry-advancement

Sinno, S. et al.(2025.7.29). Implementing Large Quantum Boltzmann Machines as Generative AI Models for Dataset Balancing. arXiv preprint. https://arxiv.org/abs/2502.03086

09
기술적 도전과 윤리적 고찰

양자 AI는 엄청난 가능성을 지닌 동시에, 기술적 복잡성과 사회적 영향으로 인해 신중한 접근이 요구되는 영역이다. 하드웨어의 불안정성, 알고리즘과 소프트웨어의 기술적 미성숙, 데이터 해석의 불확실성 같은 기술적 난제를 해결하려는 연구가 활발히 진행 중이며, 이러한 기술 진보와 함께 윤리적 책임과 규제 마련 또한 시급한 과제다.

AI와 기자?

양자 AI 기술의 한계와 대응

양자 AI의 실현에서 가장 근본적인 기술적 제약은 바로 양자 하드웨어의 물리적 한계다. 초전도, 이온트랩 등 양자컴퓨터의 주류는 큐비트 수가 아직 수십~수백 개에 머물러 있는 데다, 큐비트 간 결맞음 시간(coherence time)이 짧고 외부 온도, 전자기장 등 환경 변화에 극도로 취약해 오류율이 높다. 큐비트 수가 증가할수록 상태 유지를 위한 제어가 기하급수적으로 어려워지고, 양자컴퓨터의 오류 정정을 실현하기 위해서 최소 수천~수만 큐비트 이상의 안정적 집적이 필요하다. 현재 사용되는 양자컴퓨터는 대부분 NISQ(noisy intermediate-scale quantum) 시대에 해당하며, 이는 수십~수백 개의 큐비트를 가지지만 오류 보정이 제한적이다. 예를 들어, 구글의 Sycamore 프로세서는 53큐비트를 사용하여 양자 우위를 시연했지만, 해당 연산은 특정 조건에 최적화된 계산일 뿐, 범용 양자 AI 학습 환경에는 적용이 불가능하다(Swayne, 2024).

또한 양자 하드웨어는 물리적으로 크고, 유지 비용이 많이 들며, 극저온 냉각(밀리켈빈 수준)을 요구한다. 현재 오류 누적, 잡음, 통신 병목 등으로 대규모 AI 모델 구현의 한계가 명확하여, 각국 정부와 주요 기업이 양자 하드웨어 안정성과 신뢰성 확보에 투자를 집중하고 있다.

양자컴퓨터 상용화에서 해결해야 할 난제는 표준화와 확장성이다(심현보 · 천정우, 2025). 플랫폼마다 초전도, 이온트랩, 광자 등 큐비트의 동작 원리, 큐비트의 규모, 연산 패러다임이 다르기 때문에 표준화와 확장성 이슈가 해결되어야 한다. 이와 관련하여, 국제 컨소시엄과 주요 기업의 양자 로드맵이 강조하는 논리 큐비트 기반 오류 정정, 통합 클라우드 실시간 연동, 신속한 하드웨어 진화 추진 등 물리적 한계를 극복하려는 산업적 노력이 진행되고 있다.

양자 AI 구현의 근간이 되는 양자 하드웨어의 한계를 극복하기 위해 학계와 산업계는 다양한 기술적 대응 전략을 제시하고 있다(Chen, 2025). 양자 하드웨어의 안정성을 높이기 위해 양자컴퓨팅 분야 선도 기업들은 초전도, 이온트랩, 광자 등 다양한 큐비트 구현 방식을 병행하며 상호보완적 설계 전략을 추구하고 있다. IBM, 구글, IonQ, Xanadu 등은 각각 큐비트 간 결맞음 시간 증가, 오류 정정 알고리즘, 소음 완화, 신소재 활용을 통한 환경 내성 강화, 큐비트 선형 확장성 등을 중점적으로 추진하고 있다.

하드웨어와 더불어, 양자 AI 구현에 필요한 양자 알고리즘과 소프트웨어 생태계 역시 여전히 초기 단계에 있고, 적용 가능성도 한계가 존재한다(PLURA, 2025). 대부분의 양자 기계 학습(QML) 알고리즘은 이론적으로 유망하지만, 실험적으로 검증된 사례는 제한적이다. 대표적인 양자 회로 기반의 양자 신경망(QNN), 변분 양자 알고리즘(variational quantum algorithms, VQA) 등의 양자 AI 기법은 기존 신경망 모델보다 학습 안정성이 떨어지고, 기울기 소실 문제 같은 새로운 한계를 겪는다(David, 2021; Cunningham & Zhuang, 2024). 이러한 현상은 양자 회로의 깊이가 깊어질수록 학습에 필요한 정보가 소실되어 효율적인 최적화가 불가능해지는 현상이다.

또한 양자 소프트웨어 생태계도 구조적으로 부족한 점이 많다. Qiskit, Cirq, Braket 등 주요 소프트웨어 플랫폼은 기초 테스트 프레임 수준에서 강점을 보이나, 일반적인 AI 모델의 통합 개발 환경(integrated development environment, IDE)과 비교하면 범용성, 접근성, 생태계 지원은 아직 비교할 수 없는 수준이다. 큐비트 상태를 시각화 및 디버깅할 수 없는 점, 하드웨어 의존적 API와 비정형화된 컴파일 체계, 기초 알고리즘 테스트 이후 아키텍처 설계 연결의 어려움 등이 걸림돌이다. 이에 따라 연구자들과 개발자들은 실험 장벽과 비효율, 신뢰성 문제, 소수 문제 유형 위주로만 쓰이는 양자 알고리즘의 한계가 여전히 강하게 남아 있음을 경험하고 있다.

다행스럽게도 소프트웨어 개발 환경은 빠른 속도로 발전하고 있다. IBM의 Qiskit Runtime은 계산을 클라우드 환경에서 병렬로 실행하여 양자 회로 실행의 지연을 최소화하였고, PennyLane은 PyTorch 및 TensorFlow와의 통합을 통해 양자 AI 모델을 직관적으로 설계하고 학습할 수 있게 만들고 있다. 이와 같이 주류 오픈소스 프레임워크는 표준화된 API 제공, 시각화 기능 강화, 사용성 · 디버깅 · 인터페이스 개선 등으로 비전문가 접근성까지 빠르게 넓혀가고 있다.

양자 AI와 윤리적 딜레마

양자 AI는 기존 AI보다 훨씬 더 복잡하고 예측 불가능한 행동을 보일 수 있는 잠재력을 지니고 있다. 그 이유는 양자컴퓨터의 계산 능력이 기존 슈퍼컴퓨터를 훨씬 초월하는 수준으로, 지수적 증가 속도로 데이터를 처리하고 복잡한 패턴을 탐지할 수 있기 때문이다. 이러한 특성은 AI가 독립적인 판단을 내릴 수 있는 수준으로 진화할 수 있다는 기대를 낳지만, 동시에 사람의 예측과 통제를 벗어난 결정을 내릴 수도 있다는 우려도 커지고 있다.

양자 AI가 가진 압도적 연산 능력과 AI의 자율성이 결합할 경우, 사람의 예상 범위나 실시간 관리 체계를 벗어나는 '통제 불가능한 AI' 출현에 대한 우려가 실제로 제기되고 있다. 연구자들은 고차원 최적화, 자율 의사 결정 등에서 AI가 스스로 목표를 재구성하거나, 미처 사람이 테스트하지 않은 조건에서 예측 불가한 결과와 방향성을 형성할 수 있다고 경고한다. 특히 생성형 AI와 AI 에이전트(AI agents 또는 agentic AI), 대규모 AI 자동화 및 강화 학습 시스템이 양자컴퓨팅으로 초고속 학습과 추론을 할 경우, 양자 AI는 사람이 이해하기 힘든 형태의 블랙박스화, 책임 소재 부재, 알고리즘 편향, 악의적 활용 등 위험의 스펙트럼이 넓어진다(김영명, 2025). 이에 따라 AI가 왜 특정한 판단을 내렸는지 설명할 수 없는 문제가 발생하며, 설명할 수 있는 AI(explainable AI, XAI)의 철학과는 반대되는 기술적 모순에 직면하게 된다. 이 문제는 특히 의료, 금융 등 투명성 및 위험 관리가 요구되는 영역에서 양자 AI가 적용될 때 심각한 논쟁을 불러올 수 있다.

양자 AI가 활용되면 개인정보 보호와 관련된 문제가 더욱 예민해질 수 있다. 양자컴퓨터는 현재 보안 시스템의 핵심인 RSA(Rivest-Shamir-Adleman), ECC(Elliptic Curve Cryptography) 등 공개키 암호화를 무력화할 수 있는 잠재력을 가진다. AI가 이러한 양자 암호 해독 능력을 이용해 대규모 개인 정보를 처리한다면 기존의 정보보호 체계는 사실상 무력화될 수 있으며, 개인정보 침해의 위험은 현저히 증가할 수 있다. 양자 AI가 개인의 생체 정보, 유전 정보, 행동 패턴 등을 통해 감시나 조작에 활용되는 시나리오는 단순한 공상이 아니라 국제 보안 전문가들 사이에서도 실제로 논의되고 있는 우려다. 이러한 위협에 대비하기 위해 양자 내성 암호(post-quantum cryptography, PQC) 기술이 부상하고 있다. PQC는 양자 컴퓨터가 기존 암호화 체계의 보안을 무력화할 가능성에 대비해 사용자 데이터를 한층 더 안전하게 보호할 수 있는 기술로, 미국 국립표준기술연구소(National Institute of Standards and Technology, NIST)를 중심으로 표준화가 진행되고 있다(삼성SDS, 2025).

더구나 양자 AI 기술은 소수의 선도 국가나 대기업이 독점할 가능성이 매우 높다. 막대한 인프라와 전문 인력이 필요한 기술 영역의 특성상 기술 소유자와 비소유자 간의 정보 격차는 점점 심화할 수밖에 없다. 이는 사회적 불평등과 계층 간의 정보 접근 불균형이 더 심화될 수 있으며, 디지털 권력 집중으로 인한 기술 식민지화의 우려도 제기될 수 있다. 이러한 문제는 단순한 윤리적 질문을 넘어 정치적, 경제적, 사회적 차원의 대응을 요구하는 다차원적 과제가 된다.

참고문헌

김영명(2025.1.1). "2025년, AI의 필수성과 위험성 그리고 인간과 기계 간의 시너지 확장에 초점". 보안뉴스. https://www.boannews.com/media/view.asp?idx=135419

삼성SDS(2025.7.8). "양자컴퓨팅 시대의 보안 위협, 어떻게 지켜야 할까요?". https://kr.linkedin.com/pulse/%EC%96%91%EC%9E%90%EC%BB%B4%ED%93%A8%ED%8C%85-%EC%8B%9C%EB%8C%80%EC%9D%98-%EB%B3%B4%EC%95%88-%EC%9C%84%ED%98%91-%EC%96%B4%EB%96%BB%EA%B2%8C-%EC%A7%80%EC%BC%9C%EC%95%BC-%ED%95%A0%EA%B9%8C%EC%9A%94-navigating-quantum-threat-encryption-ho77c

심현보·천정우(2025.6.20). "양자컴퓨팅 시대의 Quantum Readiness". Kearney Insight. https://www.kearneyblog.co.kr/child/sub/insights/view.php?seq=182&ca_id=

David(2021.12.13). "양자 AI를 위한 분명한 길 "불모의 고원" 위협 극복". Science Monitor. http://scimonitors.com/%EC%96%91%EC%9E%90-ai-%EB%B6%88%EB%AA%A8%EC%9D%98-%EA%B3%A0%

EC%9B%90-%EA%B7%B9%EB%B3%B5-%EC%97%84%EA%B2%A9%ED%95%9C-%EC%A6%9D%EA%B1%B0/

PLURA(2025.1.2). "양자 컴퓨팅의 현주소와 가능성". PLURA Blog. https://blog.plura.io/ko/column/quantum_computing_progress/

Chen, S.(2025.6.10). IBM aims to build the world's first large-scale, error-corrected quantum computer by 2028. MIT Technology Review. https://www.technologyreview.com/2025/06/10/1118297/ibm-large-scale-error-corrected-quantum-computer-by-2028/

Cunningham, J. & Zhuang, J.(2024.7.25). Investigating and Mitigating Barren Plateaus in Variational Quantum Circuits: A Survey. arXiv preprint. https://arxiv.org/html/2407.17706v1

Swayne, M.(2024.4.21). Google Researchers Find Potential for Quantum Advantage in Machine Learning Tasks. Quantum Indiser. https://thequantuminsider.com/2022/07/04/google-researchers-find-potential-for-quantum-advantage-in-machine-learning-tasks

10
미래 전망과 사회적 영향

양자컴퓨터와 AI의 발전은 초지능 및 특이점 도달을 앞당길 수 있는 동력으로 여겨지며, 인류 문명의 전환점이 될 수 있을 것으로 예상한다. 이 변화의 소용돌이 속에서 기술 패권, 사회적 불균형, 윤리적인 이슈까지 모두가 새롭게 맞닥뜨려야 할 과제가 될 것이다. 이에 대한 국제적 거버넌스와 사람 중심의 균형 전략이 그 어느 때보다 절실하다.

AI와 미래 의사?

양자 AI가 바꿀 미래의 기술 지형

가시화되는 양자컴퓨터와 AI 기술의 빠른 발전 속도로 볼 때, 두 기술을 결합한 양자 AI를 통해 초지능(super-intelligence) 또는 초인공지능(artificial superintelligence, ASI) 시대에 도달할 가능성이 논의되고 있다(김가은, 2024; 오득창, 2025). 양자 AI로의 기술 흐름은 기술적 특이점(technological singularity)과도 밀접하게 연결된다(이금용, 2023). 특이점은 사람의 지능을 초월한 AI가 사람의 통제를 벗어나 지속적으로 자기 개선을 거듭하며 기술 발전을 가속하는 시점을 의미하는데, 양자컴퓨터와 AI가 융합한 기술은 특이점 도달을 기존 예측보다 앞당길 수 있는 동력으로 여겨지며, 기술적 진보가 아니라 인류 문명의 전환점이 될 수도 있을 것으로 예상한다.

양자 AI가 고전 컴퓨터가 처리하지 못하는 양자 시뮬레이션, 복잡계 모델링, 비선형 동역학 해석 등을 처리할 수 있게 된다면, 기존에 실험적으로도 접근이 어려웠던 영역에서 새로운 법칙이나 이론이 유도될 수 있는 토대가 마련될 수 있다. 또한 양자 AI는 기존 과학의 범위를 넘어서는 방식으로 문제 자체를 재정의하거나 과학자들이 미처 발견하지 못한 미지의 패턴을 탐색해 새로운 발견을 유도할 수 있다. 예를 들어, 복잡한 후보군 필터링,

고차원 추론, 생성형 분석, 실시간 패턴 발굴 등에서 데이터 기반의 혁신적 발견을 촉진하여 새로운 과학적 이론의 탐색이나 검증에 활용할 수 있다. 따라서 미래에는 양자 AI가 과학적 상상력의 한계를 확장하는 존재가 될 가능성이 커지고 있다.

인류의 삶과 사회 구조의 변화

양자 AI의 발전은 인류의 노동시장과 고용 구조를 근본적으로 변화시키는 동인으로 작용할 가능성이 크다. 반복적이고 규칙적 업무는 이미 AI 기반 자동화와 로봇화(robotization)로 빠르게 대체되고 있어, 양자 AI는 고도의 판단과 최적화가 필요한 영역까지 그 적용 범위를 넓혀갈 수 있을 것이다. 물류, 금융, 제조업에서 AI가 이미 운영 최적화에 활용되고 있지만, 양자 AI는 이보다 훨씬 복잡한 결정 문제들, 예를 들어 수백만 개의 변수 간 조합 최적화를 실시간으로 해결할 수 있어, 다양한 직업군의 변화가 올 것으로 예상된다(박길, 2024). 이에 따라 노동시장의 변화는 양자 AI와 공존할 수 있는 새로운 역할 중심으로 재편될 가능성이 있다. 데이터 기반의 의사결정, 윤리 검토, 사람-기계 협업 설계, 복잡한 사회적 의사소통 등 사람의 직관과 가치 판단이 필요한 영역이

상대적으로 중요해질 것이다. 그러나 이러한 전환은 직무 소멸과 창출이 동시에 일어나는 이중 과정을 동반하기 때문에 교육 시스템과 직업 훈련 체계의 빠른 혁신이 필요할 것이다.

양자 AI는 단순한 노동 환경뿐 아니라 교육 · 복지 · 의료 · 문화 등 일상생활 전반에 실질적인 지각 변동을 불러올 것으로 전망된다. 맞춤형 AI 교사, 실시간 번역, 초고품질 맞춤 의료, 가상현실 기반 문화 체험 등 기술적 편의성은 이미 우리의 생활 리듬, 사회적 상호작용, 문화적 창의성에 깊게 스며들고 있다. 개개인의 학습 속도와 패턴에 최적화된 교육 자료, 언어 · 지역 장벽 해소, 저비용 초고품질 복지와 건강 모니터링, 심리 상담, 재난 예측 등 사회 안전망도 양자 AI 기술로 진화를 거듭할 전망이다.

그러나 기술 중심의 자동화와 초연결화로 인한 기계적 편의만이 행복의 핵심이 될 수는 없다는 반론도 존재한다. 얼굴을 마주 보고, 감정과 개성을 나누는 공감, 느림의 미학 등 사람만의 문화 자본도 기술 혁신과 맞물려 새로운 방식으로 조화롭게 경쟁을 펼쳐야 할 것이다. 따라서 미래 사회는 AI와 양자 기술의 혜택과 위험, 편리함과 인간성의 균형에 대한 재설계가 사회 문화적 진화의 핵심 동력으로 자리 잡을 것이다.

기술 패권과 글로벌 불균형

양자 AI 시대는 소수 글로벌 테크 기업과 일부 선진국이 양자컴퓨팅 하드웨어, 알고리즘, 플랫폼은 물론 초거대 데이터와 컴퓨팅 자원을 독점함으로써 기술, 경제, 사회 전반의 데이터 패권 체제를 강화할 우려가 크다. 주요 국가들의 기술 패권 경쟁이 반도체와 AI 중심에서 양자컴퓨팅 기술 분야로 확대되고 있으며, 특히 미국과 중국의 선두 다툼이 치열하다(최민철, 2025). 양자컴퓨팅 관련 주요 기술과 소재 공급망마저 미국과 중국의 극심한 공급 권력화 속에서 거대 양극화 우려가 증폭되고 있다. 예를 들면, 이미 중국은 양자 기술 핵심 재료의 약 70%를 독점하고 있어 공급망 리스크가 커지고 있다(고재원, 2025).

미국의 IBM, 구글, 마이크로소프트 등 빅테크들은 도전적인 양자컴퓨터 큐비트 로드맵을 제시하고 있고, 하드웨어 및 클라우드에 기반한 AI-양자 통합 서비스로 산업 표준을 주도하고 있다. 반면에 중국은 이미 2017년에 세계 최대 규모의 국가 양자 연구소 설립을 발표하는 등 기초연구 역량 강화에 집중하고 있다. 중국의 양자 기술 분야 투자도 누적 규모가 미국을 앞서고 있다. 중국 기업들도 양자 기술 개발에 적극적으로 나서고 있는데, 오리진퀀텀(Origin Quantum)이 2024년 기준 IBM을 제치고 양자컴퓨터 특허 보유 세계 1위 기업으로 부상했다. 미국이 양자 분야로 중국에 대한 제재를 확대하자 중국은 예산 증액과 인력 양성 강화, 자급자족형 공급망 구축과 해외 인재 유치 등으로 적극 맞서고 있는 상황이다(최민철, 2025).

규제, 정책, 그리고 사회적 대응

양자 AI는 기술의 파급력이 매우 크기 때문에 개발과 활용 과정에서 명확한 규제와 정책이 필요하다. 하지만 현재 대부분의 국가는 아직 양자 AI를 독립된 규제 범주로 다루지 않고 있으며, 기존 AI 규제안이나 정보 보안 법안 안에서 간접적으로 접근하고 있는 수준이다. 예를 들어, 유럽연합의 「인공지능법(AI Act)」은 위험 기반 접근 방식을 통해 고위험 AI 시스템에 대한 규제를 시도하고 있으나, 양자 기반 AI에 대한 별도의 언급은 아직 미비하다(김다운, 2023). 또한 미국의 「국가양자이니셔티브법(National Quantum Initiative Act)」과 AI 리스크 관리 프레임워크(AI Risk Management Framework)를 통해 대규모 R&D 지원, 보안·프라이버시 보호, 중국 등 타국 기술 유출 차단, QCaaS 관리 체계 구축 등 국가 안보와 공급망 안정성, 전략적 기술 주권 확보를 위한 기술 표준과 윤리적 지침을 마련하고 있지만, 두 영역의 융합을 고려한 규제는 초기 단계에 머물러 있다(이규환, 2025). 우리나라 역시 유럽연합, 미국 등 글로벌 정책 흐름과 연계된 기술 표준화, 전략 물자 관리, 인프라 가늠터(testbed) 구축을 강화하는 추세다.

양자 AI 기술이 가져올 변화를 감시하고 균형을 맞추는 데에는 시민 사회와 공공 영역의 역할이 매우 중요하다. 기술은 해당 기술 분야 종사자와 기업만이 아니라 사회 전체가 이해하고 통제할 수 있어야 한다는 원칙이 적용되어야 하며, 이는 교육과 사회적 논의의 활성화를 통해 실현될 수 있다. 특히 과학 기술과 윤리, 법, 철학이 만나는 학제 간 교육(interdisciplinary education)이 중요하며, 일반 시민들도 양자 기술이 일으킬 수 있는 사회 변화와 위험에 대해 논의에 참여할 수 있도록 해야 한다(유네스코, 2021).

그뿐만 아니라 양자 AI 시대의 사회적 대응은 기술 통제를 넘어 기술과 사람의 관계를 새롭게 재정의하는 거버넌스(governance) 모델을 요구하고 있다. 양자 AI 개발 기업과 연구 기관은 자체적인 윤리 지침과 투명한 거버넌스 체계를 구축할 책임이 있다. 예를 들어, 양자 AI 시스템의 설계 단계부터 윤리적 점검을 수행하고, 결과의 투명성과 책임 소재를 명확히 하는 '윤리적 설계(Ethics by Design)' 원칙이 도입되어야 한다. 또한 정책 입안자들은 기술 전문가뿐 아니라 시민 단체, 법학자, 철학자 등 다양한 이해 관계자들의 의견을 수렴하여, 사회 전체의 신뢰와 수용을 높이는 정책을 마련해야 한다(UNESCO, 2021).

참고문헌

고재원(2025.6.26). "양자기술 핵심재료 70% 이미 中이 독점… 한국도 공급망 리스크 대비해야". 매일경제. https://www.mk.co.kr/news/it/11353349

김가은(2024.11.5). "양자와 AI의 결합… 초지능 시대 열린다". 이데일리. https://www.edaily.co.kr/News/Read?newsId=01292326639082768&mediaCodeNo=257

김다운(2023.8.16). "각국의 생성 AI 규제 및 정책 동향". 투이컨설팅. https://www.2e.co.kr/news/articleView.html?idxno=302827

박길(2024.11.28). "양자컴퓨터와 AI의 조우". Mobiinside. https://www.mobiinside.co.kr/2024/11/28/marketing-ai/

오득창(2025.6.20). "AI가 끌고 양자가 민다 - 지속가능한 초지능의

길". 동아일보.
https://www.donga.com/news/It/article/all/20250620/131848784/1

유네스코(2021.12.2). "인공지능과 교육: 정책입안자를 위한 지침". https://unesco.or.kr/%EC%9D%B8%EA%B3%B5%EC%A7%80%EB%8A%A5%EA%B3%BC-%EA%B5%90%EC%9C%A1-%EC%A0%95%EC%B1%85%EC%9E%85%EC%95%88%EC%9E%90%EB%A5%BC-%EC%9C%84%ED%95%9C-%EC%A7%80%EC%B9%A8/

이규환(2025.6.13). "양자정보기술 표준화 동향 및 시사점". 《이슈분석》, 288. 한국과학기술기획평가원. https://www.kistep.re.kr/gpsIssueView.es?mid=a30101000000&list_no=49152&nPage=1

이금용(2023.9.20). "2035년 봄, 양자 역학에 기반한 진정한 인공지능 출현". 네이버 프리미엄컨텐츠. https://contents.premium.naver.com/sciencetory/now/contents/230920234353839ki

최민철(2025). "반도체·AI 중심의 글로벌 기술 패권 경쟁 양자기술 분야로 확장… 미중 선두 다툼 치열". 《나라경제》, 2025(5). KDI 경제교육 정보센터. https://eiec.kdi.re.kr/publish/naraView.do?fcode=00002000040000100001&cidx=15159&sel_year=2025&sel_month=05

UNESCO(2021). Recommendation on the Ethics of Artificial Intelligence. https://unesdoc.unesco.org/ark:/48223/pf0000380455

최종수

숭실대학교 IT대학 AI융합학부 교수다. 삼성전자 DS부문 산학협력교수와 숭실대학교 AI융합학부 겸임교수로 근무했다(2023.9~2025.8). 캐나다 오타와대학교 전기공학 및 컴퓨터과학부에서 인공신경망과 신호처리 연구로 박사학위를 받았다. 삼성전자 통신연구소와 DMC연구소에서 이동통신 표준기술을 연구하였고, 국제 이동통신 기술 표준을 만드는 국제기술협력 표준화 단체인 3GPP에서 삼성전자 Delegate로 활동했으며(2005~2014), 3GPP TSG-GERAN 부의장을 역임했다(2007~2011), 같은 기간에 삼성전자 영국연구소 Standards & Technology Enabling Director로 근무했다(2009~2011). 이후 삼성전자 System LSI 사업부에서 Exynos 브랜드로 알려진 Mobile SoC 제품 마케팅 디렉터(2014~2021)와 AVP사업팀에서 Advanced Package 마케팅 전략을 리드했다(2022~2023). 현재 인공지능 반도체와 인공지능 응용 기술을 연구하고 있다.